BASIC
태국어 말하기

| 황 규 희 지음 |

부산외국어대학교 출판부

Basic 태국어 말하기

2014년 8월 29일 초 판 발 행
2017년 3월 2일 1판2쇄발행

저 자/ 황 규 희
발행인/ 정 해 린
발행처/ 부산외국어대학교 출판부
등 록/ 제 14-11-15 호
주 소/ 46234 부산 금정구 금샘로 485 번길 65
전 화/ 051)509-6466~7 팩스/ 051)509-6468
인터넷/ http://press.bufs.ac.kr
편 집/ 주간 · 김동하, 디자인 · 권병철
인쇄처/ 세종문화사 (051)463-5898
공급처/ 한국출판협동조합 (02)716-5616~9

ISBN 978-89-8312-397-8 93730

정가 18,000 원

머리말

동남아시아에서 태국민은 독자적인 언어인 태국어를 사용하고 있다. 외세에 주권을 빼앗긴 적이 없는 태국민은 태국어에 대한 자부심과 자긍심이 매우 강하다. 태국어는 한국어와는 달리 어형 변화가 없는 고립어이며, 문법적인 체계가 다른 국가의 언어에 비해서 비교적 쉬운 편이다. 그럼에도 불구하고 태국어는 일반적으로 혼자서 공부하기 어려운 언어라고 인식되어 있다. 이는 44 자의 자음과 32 자의 기본모음과 함께 성조체계에 따른 음의 높낮이가 있기 때문이다.

이 책은 대학에서 태국어를 전공으로 배우는 학생에서부터 비즈니스 또는 관광을 목적으로 두고 있는 사람에 이르기까지 혼자서도 태국어 말하기가 가능하도록 기본문법과 기본회화에 중점을 두고 기술하였다. 그리고 각 단원마다 단어와 핵심포인트를 설명하여 연습문제를 답할 수 있도록 하였다. 또한 각 단원의 마지막 부분에 태국에 대한 이해를 돕기 위해 태국문화알기를 첨부하였다. 외국어를 잘하는 지름길은 반복하여 말하고 듣고, 쓰기이다. 태국어 말하기를 잘하는 방법 또한 원어민의 발음을 잘 듣고 따라 하며, 그 문장을 외우는 방법 이외는 없다.

이 책이 출간되기까지 많은 분들의 수고가 있었다. 씨나카린위롯대학교에서 부산외국어대학교 교환교수로 오신 팟타야(Pattaya

Jitmetta)교수님과 교환학생의 도움으로 각 단원을 녹음하였다. 녹음해 주신 태국 교수님과 학생에게 감사한 마음을 전하며, 출간을 위해 헌신적인 도움을 주었던 정연창 박사(대구가톨릭대학교 강사)와 신정아 선생(태국대학교 한국어 강사)에게도 고마움을 표한다. 그리고 출간 및 편집과정에 있어서 무엇보다도 까다로운 작업임에도 불구하고 이 책의 출판을 맡아주신 출판부장님과 출판부 직원 여러분께도 깊은 감사를 드린다.

2014년 8월

부산외대 금샘로 연구실에서

황규희 씀

차례

제 1 편 태국어의 특성

1

1. 태국어의 자음과 모음

태국어는 44자의 기본자음, 32자의 기본모음과 태국 고유숫자 10자 및 기타로 되어 있다.

1.1 자음(พยัญชนะ 파얀차나)

44자의 자음 가운데 초자음으로 사용되는 경우 동일한 음으로 발음되는 자음을 음소(phoneme)별로 분류하면 21개 음으로 나뉜다. 하나의 자음을 발음할 때는 모음「어-」를 붙여 발음한다.

순서	자 음	명 칭	음 가	
			초자음	종자음
1	ก	꺼- 까이	ㄲ	ㄱ
2	ข	커- 카이	ㅋ	ㄱ
3	ฃ	커- 쿠웟	ㅋ	ㄱ
4	ค	커- 콰-이	ㅋ	ㄱ
5	ฅ	커- 콘	ㅋ	ㄱ
6	ฆ	커- 라 캉	ㅋ	ㄱ

7	ง	응어- 응우-	ng	ng
8	จ	쩌- 짜-ㄴ	ㅉ	ㅅ
9	ฉ	처- 칭	ㅊ	-
10	ช	처- 차-ㅇ	ㅊ	ㅅ
11	ซ	써- 쏘-	ㅆ	ㅅ
12	ฌ	처- 츼 -	ㅊ	-
13	ญ	여- 잉	y	ㄴ
14	ฎ	더- 차 다-	ㄷ	ㅅ
15	ฏ	떠- 빠 딱	ㄸ	ㅅ
16	ฐ	터- 타-ㄴ	ㅌ	ㅅ
17	ฑ	터- 몬 토-	ㅌ	ㅅ
18	ฒ	터- 푸- 타오	ㅌ	ㅅ
19	ณ	너- 네-ㄴ	ㄴ	ㄴ

20	ด	더- 덱	ㄷ	ㅅ
21	ต	떠- 따오	ㄸ	ㅅ
22	ถ	터- 퉁	ㅌ	ㅅ
23	ท	터-타하-ㄴ	ㅌ	ㅅ
24	ธ	터- 통	ㅌ	ㅅ
25	น	너- 누-	ㄴ	ㄴ
26	บ	버- 바이 마이	ㅂ	ㅂ
27	ป	뻐- 쁠라-	ㅃ	ㅂ
28	ผ	퍼- 픙	ㅍ	-
29	ฝ	훠- 화-	f	-
30	พ	퍼- 파-ㄴ	ㅍ	ㅂ
31	ฟ	훠- 환	f	ㅂ
32	ภ	퍼- 쌈 파오	ㅍ	ㅂ

33	ม	머- 마-	ㅁ	ㅁ
34	ย	여- 약	y	이
35	ร	러- 르어	ㄹ(r)	ㄴ
36	ล	러- 링	ㄹ(l)	ㄴ
37	ว	워- 왜-ㄴ	w	우
38	ศ	써- 싸-ㄹ 라-	ㅆ	ㅅ
39	ษ	써- 르- 씨-	ㅆ	ㅅ
40	ส	써- 쓰어	ㅆ	ㅅ
41	ห	허- 히-ㅂ	ㅎ	-
42	ฬ	러- 쭈 라-	ㄹ(l)	ㄴ
43	อ	어- 아-ㅇ	ㅇ	-
44	ฮ	허- 녹 후-ㄱ	ㅎ	-

<주의> 자음 3번과 5번은 현재 사용하지 않는다.

1.2 모음 (สระ 싸라)

태국어의 기본모음은 32자로 이들 모음은 장모음과 단모음으로 나눈다.

순서	단모음	발 음	순서	장모음	발 음
1	-ะ	아	2	-า	아-
3	-ิ	이	4	-ี	이-
5	-ึ	으	6	-ื	으-
7	-ุ	우	8	-ู	우-
9	เ-ะ	에	10	เ-	에-
11	แ-ะ	애	12	แ-	애-
13	โ-ะ	오	14	โ-	오-
15	เ-าะ	어	16	-อ	어-
17	เ-อะ	어	18	เ-อ	어-
19	-ัวะ	우어	20	-ัว	우어

21	เ-ียะ	이야	22	เ-ีย	이야
23	เ-ือะ	으어	24	เ-ือ	으어
25*	ไ-	아이	26*	ใ	아이
27*	เ-า	아오	28*	-ำ	암
29	ฤ	르,리,릐	30	ฤๅ	르-
31	ฦ	르	32	ฦๅ	르-

<주의> 기호「-」는 자음문자의 위치를 표시한 것이며, 17과 18의 발음은 한국어에 없는 모음으로 [으] 와 [어] 의 중간음으로 편의상「어」와「 어-」로 표기한다.

이중모음(19, 20, 21, 22, 23, 24)의 장・단 모음의 구별은 단모음으로 이루어진 단어와 장모음으로 이루어진 단어를 비교할 단어가 없기 때문에 장・단 모음의 구별을 하지 않는다.

* 표한 4개의 모음(25, 26, 27, 28)은 읽을 때는 단모음으로, 성조법상에는 생음으로 간주되어 장모음 규정에 준한다.

2. 태국어의 성조 및 발음규칙

2.1 태국어의 성조

태국어의 음절 혹은 단어의 구성은 자음, 모음,(종자음이 있을 경우) 종자음, 그리고 성조로 구성된다. 태국어의 모든 음절은 5개의 성조 즉 1성, 2성, 3성, 4성, 평성 중 어느 하나에 속하며 이 성조에 따라 발음된다.

성조란 자음과 모음이 결합된 하나의 음절로 발음할 때 소리의 고저(高低)를 어떻게 내느냐 하는 음의 변화상태를 말한다. 성조는 태국어에서 뿐만 아니라 모든 성조언어(중국어, 라오스어, 베트남어, 미얀마어 등)에서 볼 수 있듯이 음절 구성상에 있어 자음이나 모음과 함께 중요한 구실을 한다. 즉 성조에 따라 음의 높낮이가 달라지며 의미 역시 다르게 된다.

태국어의 성조는 무형(無形)성조와 유형(有形)성조로 구분된다. 무형성조는 성조부호를 사용하지 않고 자음의 종류와 모음의 장・단 그리고 종자음의 생・사음에 따라 성조가 결정된다. 유형성조는 4개의 성조부호를 사용하여 성조를 나타낸다.

2.1.1 무형성조

태국어 성조규칙을 알기 위해 먼저 44자의 자음을 중자음, 고자음, 그리고 저자음으로 분류한다. 이 각 종류의 자음은 필히 모음과 결합하여 하나의 음절을 이루는데 그 모음의 종류(단모음 또는 장모음)에 따라 각기 다른 성조를 나타낸다. 따라서 3 종류의 자음을 구별하여야만 정확한 성조를 나타낼 수 있다. 태국어의 자음을 3 종류로 구분하면 다음과 같다.

(1) 자음의 분류

① 중자음(อักษรกลาง 악 써-ㄴ 끌라-ㅇ) : 9자

ก จ ฎ ฏ ด ต บ ป อ

② 고자음(อักษรสูง 악 써-ㄴ 쑤-ㅇ) : 11자

ข ฃ ฉ ฐ ถ ผ ฝ ศ ษ ส ห

③ 저자음(อักษรต่ำ 악 써-ㄴ 땀) : 24자

ค ฅ ฆ ง ช ซ ฌ ญ ฑ ฒ ณ ท

ธ น พ ฟ ภ ม ย ร ล ว ฬ ฮ

저자음 24자는 고자음과 음가가 같은 14자의 대응자음(고자음과 대응음)과 유성자음인 10자의 단독자음으로 구분된다. 14자의 대응자음이란 고자음의 7가지 음가 [kh, ch, th, ph, f, s, h] 와 동일한 음가를 갖는 저자음을 말하며, 10자의 단독자음이란 고자음과 동일하지 않고 단독음가를 지닌 유성자음을 말한다.

가. 대응자음(อักษรคู่ 악 써-ㄴ 쿠-)

	저자음(대응자음 14자)		고자음
1.	ค ฅ ฆ	...ㅋ/kh/....	ข ฃ
2.	ช ฌ	...ㅊ/ch/...	ฉ
3.	ซ	...ㅆ/s/...	ศ ษ ส
4.	ฑ ฒ ท ธ	...ㅌ/th/...	ฐ ถ
5.	พ ภ	....ㅍ/ph/...	ผ
6.	ฟ	.... • /f/...	ฝ
7.	ฮ	....ㅎ/h/....	ห

단독자음을 제외한 중자음,고자음 및 저자음 중의 대응자음은 한 음절에서 종자음(받침)으로 올 때 사음(死音, 開韻 : 발음 기관의 어느 한 부분을 막고 숨을 그친다)이다.

ปาก 입 빠-ㄱ	มีด 칼 미-ㅅ

ตำรวจ 경찰 땀루웟	**ที่ราบ** 평지 티- 라-ㅂ
อากาศ 공중, 기후 아- 까-ㅅ	**กระดาษ** 종이 끄라 다-ㅅ
รถ 차 롯	**ฝรั่งเศส** 프랑스 화 랑 쎄-ㅅ
ภาพ 그림, 사진 파-ㅍ	**โรค** 질환, 병 로-ㄱ
ภาค part, 부 파-ㄱ	**นาค** 이무기(큰 뱀) 나-ㄱ

나. 단독자음 (**อักษรเดี่ยว** 악 써-ㄴ 디여우)

ง ญ ณ น ม ย ร ล ว ฬ

단독자음은 한 음절에서 종자음(받침)으로 올 때 생음(生音: 음이 계속 울린다)이다.

แบ่ง 분할하다 배-ㅇ	**กล้าหาญ** 용감한 끌라- 하-ㄴ
คน 사람 콘	**นม** 우유 놈

นาม 이름 나-ㅁ	**ควาย** 물소 콰-이
บาล 통치하다 바-ㄴ	**อาหาร** 음식 아- 하-ㄴ
ร้าย 잔인하다 라-이	**สาว** 처녀 싸-우

(2) 무형성조 규칙

가. 종자음이 없는 경우

① 중자음 + 단모음 = 1성

เกาะ 꺼 (섬, 붙잡다) **จะ** 짜 (미래조동사)

ติ 띠 (트집잡다) **แกะ** 깨 (양(羊),조각하다)

② 고자음 + 단모음 = 1성

ผุ 푸 (낡다, 부식하다)

แฉะ 채 (질퍽거리는)

เหาะ 허 ((하늘을)떠다니다)

เถอะ 터 (명령, 권유 어조사)

③ 저자음 + 단모음 = 3성

และ 래 (그리고)	**เคาะ** 커 (문을 두드리다)
แวะ 왜 (들르다)	**ละ** 라 (당, 마다)

④ 중자음 + 장모음 = 평성

ดี 디- (좋은)	**ตา** 따- (눈, 외할아버지)
อา 아- (숙부)	**ปี** 삐- (해, 년(年))

⑤ 고자음 + 장모음 = 4성

สี 씨- (색(色))	**ขา** 카- (다리)
เสือ 쓰어 (호랑이)	**หา** 하- (찾다, 구하다)

⑥ 저자음 + 장모음 = 평성

ยา 야- (약)	**เมีย** 미-야 (아내)
มา 마- (오다)	**คอ** 커- (목)

나. 종자음이 있는 경우

① 중자음 + 단모음 + 종자음(사음) = 1성

กัด 깟 (물다, 깨물다)

ปิด 삣 (막다)

ตก 똑 (떨어지다)

ดิบ 딥 (익지않은, 날것의)

② 고자음 + 단모음 + 종자음(사음) = 1성

สิบ 씹 (열, 10)

สุก 쑥 (익은)

หัก 학 (부러지다)

ผัก 팍 (야채)

③ 저자음 + 단모음 + 종자음(사음) = 3성

คิด 킷 (생각하다)

นก 녹 (새)

ทุก 툭 (모든)

รัก 락 (사랑하다)

④ 중자음 + 장모음 + 종자음(사음) = 1성

กาก 까-ㄱ (찌꺼기)

ปาก 빠-ㄱ (입)

ออก 어-ㄱ (나아가다)

จืด 쯔-ㅅ (싱거운)

⑤ 고자음 + 장모음 + 종자음(사음) = 1성

จีบ 찌-ㅂ (주름을 잡다)　　ผูก 푸-ㄱ (매다, 묶다)

ฉีด 치-ㅅ (주사하다)　　หาด 하-ㅅ(해변의 모래밭)

⑥ 저자음 + 장모음 + 종자음(사음) = 2성

ภาพ 파-ㅂ (그림)　　ยาก 야-ㄱ (어렵다)

มาก 마-ㄱ (많이)　　ชอบ 처-ㅂ (좋아하다)

⑦ 중자음 + 단모음 + 종자음(생음) = 평성

ดิน 딘 (토지)　　จึง 쯩 (그러므로)

กิน 낀 (먹다)　　ตัง 땅 (의성어 쾅)

⑧ 고자음 + 단모음 + 종자음(생음) = 4성

ผม 폼(머리, 1인칭대명사)　　ฝน 혼 (비)

ถุง 퉁 (자루, 봉지)　　สิน 씬 (재산, 자산)

⑨ 저자음 + 단모음 + 종자음(생음) = 평성

วัน 완 (날짜) **ลิง** 링 (원숭이)

ธง 통 (깃발) **ยุง** 융 (모기)

⑩ 중자음 + 장모음 + 종자음(생음) = 평성

กาง 까-ㅇ (물고기 가시) **แดง** 댕-ㅇ (빨강)

จีน 찌-ㄴ (중국) **ปืน** 쁘-ㄴ (총)

⑪ 고자음 + 장모음 + 종자음(생음) = 4성

ขาย 카-이 (팔다) **หาง** 하-ㅇ (꼬리)

สอง 써-ㅇ (둘, 2) **ถาม** 타-ㅁ (질문하다)

⑫ 저자음 + 장모음 + 종자음(생음) = 평성

แพง 패-ㅇ (비싼) **นาน** 나-ㄴ (오랫동안)

โรง 로-ㅇ (공장) **ลืม** 르-ㅁ (망각하다)

2.1.2 유형성조

성조부호가 있는 음절은 모음의 장・단, 종자음의 생・사 음과 관계없이 성조 부호가 있는 자음이 중자음, 고자음, 저자음에 따라 성조가 결정된다.

(1) 4개 태국어의 성조부호

성조부호	명	칭
◌่	ไม้เอก	마이 에-ㄱ
◌้	ไม้โท	마이 토-
◌๊	ไม้ตรี	마이 뜨리-
◌๋	ไม้จัตวา	마이 짯따와-

※성조부호의 위치는 초자음의 오른쪽에 위치하며, 초자음 위에 모음이 있으면 그 모음의 오른쪽 위에 위치한다.

กี่ ใต้ โจ๊ก ตั๋ว

(2) 음절과 성조부호와의 관계

① 중자음 음절과의 관계

중자음 음절에 ◌่ 부호가 오면 1성

중자음 음절에 ◌้ 부호가 오면 2성

중자음 음절에 ◌๊ 부호가 오면 3성

중자음 음절에 ◌๋ 부호가 오면 4성

ก่อ 꺼- 1성	**อ้าง** 아-ㅇ 2성
โต๊ะ 또 3성	**เก๋** 께- 4성

② 고자음 음절과의 관계

고자음 음절에는 ◌่ ◌้ 두 개의 부호만이 사용된다.

고자음 음절에 ◌่ 부호가 오면 1성

고자음 음절에 ◌้ 부호가 오면 2성

ฝี่ 휘- 1성	**ส่าง** 싸- ㅇ 1성
ไถ้ 타이 2성	**ห้อง** 허-ㅇ 2성

③ 저자음 음절과의 관계

저자음 음절에는 ◌่ ◌้ 두 개의 부호만이 사용된다.

저자음 음절에 ◌่ 부호가 오면 2성

저자음 음절에 ◌้ 부호가 오면 3성

พ่อ 퍼- 2성		**แม่** 매- 2성	
ม่า 마- 2성		**ช้า** 차- 3성	
ฟ้า 화- 3성		**ล่าม** 라-ㅁ 2성	
ไว้ 와이 3성		**ร้าน** 라-ㄴ 3성	

<무형성조>

① 종자음이 없는 경우

중자음 + 단모음= 1성　　중자음 + 장모음= 평성

고자음 + 단모음= 1성　　고자음 + 장모음= 4성

저자음 + 단모음= 3성　　저자음 + 장모음= 평성

② 종자음이 있는 경우

중자음 + 단모음 + 사음 = 1성　　중자음 + 장모음 + 사음 = 1성

고자음 + 단모음 + 사음 = 1성　　고자음 + 장모음 + 사음 = 1성

저자음 + 단모음 + 사음 = 3성　　저자음 + 장모음 + 사음 = 2성

중자음 + 단(장)모음 + 생음 = 평성

고자음 + 단(장)모음 + 생음 = 4성

저자음 + 단(장)모음 + 생음 = 평성

<유형성조>

성조부호 / 자음	◌่	◌้	◌๊	◌๋
중자음	1성	2성	3성	4성
고자음	1성	2성	-	-
저자음	2성	3성	-	-

2.2 태국어의 발음규칙

태국어의 발음은 앞서 배운 기본자음, 기본모음과 성조법에 따라 발음하면 된다. 그러나 이에 준하지 않는 몇 가지 발음 규칙들이 있다.

(1) 고자음 **ห** (허- 히-ㅂ)이 단독자음 앞에 오면 그 단독자음은 고자음화 됨과 동시에 **ห**은 묵음이 된다.

นา 나- (논) 평성 **หน้า** 나- (얼굴) 2성

วาน 와-ㄴ- (어제) 평성 **หวาน** 와-ㄴ (달다) 4성

วัด 왓 (사원) 3성 **หวัด** 왓- (감기) 1성

(2) 중자음 **อ** (어- 아-ㅇ)이 **ย**(여- 약)앞에 오면 **ย**은 중자음화 됨과 동시에 **อ**은 묵음이 된다.

อยู่ 유- (살다, 존재하다) 1성

อย่า 야- (금지 명령조동사) 1성

อย่าง 야-ㅇ (종류, 양식, ...처럼) 1성

อยาก 야-ㄱ (원하다, 바라다) 1성

예외로 **อยุธยา** (아윳타야-)와 같이 인도로부터 차용된 차용어인 경우에는 **อ**이 발음이 된다. 이런 단어는 사전에 별도로 발음 표시가 되어 있다.

(3) ท (터- 타 하-ㄴ)과 ร(러- 르어)가 붙어 있을 때 ซ (써- 쏘-)로 발음하며, 성조도 즉 저자음 ซ 에 따른다.

ทราบ 싸-ㅂ (알다, 이해하다) 2성

ทราย 싸-이 (모래) 평성

ทรง 쏭 (동사앞에 붙여 귀족에 대한 경어) 평성

ทรัพย์ 쌉 (재산) 3성

(4) จ, ฉ, ช, ซ, ศ, ษ, ส 자음을 제외한 다른 초자음 다음에 ร 나 ล 이 오면 이중자음이 되는데 이 때는 첫 자음에 모음 "으"를 붙여 발음하며 성조는 앞 자음의 성조규칙을 따른다.

ปลา 쁠라- (물고기) 평성

กล่าว 끌라-우 (말하다) 1성

ตรวจ 뜨루월 (조사하다) 1성

ประเทศ 쁘라 테-ㅅ (국가) 1성-2성

(5) 한 낱말에서 ร 가 จ, ศ, ส 뒤에 오거나 종자음 바로 앞에 오면 ร 는 묵음이 되며, 성조는 앞자음에 준한다.

จริง 찡 (진실로, 사실로) 평성

สร้าง 싸-ㅇ (세우다, 건설하다) 2성

สามารถ 싸- 마-ㅅ (...할 수 있다) 4성-2성

(6) 모음이 없이 두 자 또는 두 자 이상의 자음만으로 음절을 이룰 때는 단모음 **โ-ะ**(오) 또는 단모음 **-ะ**(아)가 생략된 것으로 간주한다. 즉, 두 자의 자음만이 있을 경우 두 번째 자가 종자음이 되며, 세 자의 자음이 나란히 있을 경우 첫번째 자는 단모음 **-ะ**(아), 두 번째 자는 단모음 **โ-ะ**(오)가 생략된 것으로 간주한다.

คน 콘 (사람) 평성

ตก 똑 (떨어지다) 1성

กบฏ 까봇 (반란) 1성-1성

คมนาคม 카마나-콤 (교통) 3성-3성-평성-평성

(7) 종자음에 모음이 있을 경우 이 모음은 발음하지 않는다.

สมบัติ 쏨밧 (재산) 4성-1성

เหตุ 헤-ㅅ (이유) 1성

(8) 첫 음절의 종자음이 다음 음절의 초자음으로 중복하여 발음이 된다.

ผลไม้ 폰 라 마이 (과일) 4성-3성-3성

จักรยาน 짝 끄라 야-ㄴ(자전거) 1성-1성-평성

ภรรยา 판 라 야- (아내, 부인) 평성-3성-평성

กรรมกร 깜 마 꺼-ㄴ(노동자) 평성-3성-평성

3. 태국어의 부호 및 고유숫자

태국어에서 많이 사용하는 부호의 명칭과 용도는 다음과 같다.

(1) _็ (เลขแปด 레-ㄱ빼-ㅅ) : 장모음을 단모음화 하는데 사용한다.

เห็น 헨 (보이다,보다) 4성

เจ็ด 쩻 (일곱, 7) 1성

เป็น 뻰 (...이다) 평성

แข็ง 캥 (단단하다) 4성

(2) ฯ (ไปยาลน้อย 빠이 야-ㄴ 너-이): 단어 또는 구의 생략을 표시한다. 앞서 언급한 중복명칭을 생략할 때 단어 맨 뒤에 붙여 사용한다.

กรุงเทพฯ กรุงเทพมหานคร 방콕

끄룽테-ㅂ 끄룽테-ㅂ 마하-나커-ㄴ

กระทรวงฯ กระทรวงศึกษาธิการ 교육부

끄라쑤웡 끄라쑤웡 쓱싸-티까-ㄴ

(3) ฯลฯ (ไปยาลใหญ่ 빠이 야-ㄴ 야-이) : 여러가지 것을 나열할 때 '기타 등등' 에 해당되는 말로서 '라' 또는 '뻰똔'이라고 읽는다.

ไทย จีน เกาหลี ฯลฯ

타이 찌-ㄴ 까오리- 라

หนังสือ ดินสอ ปากกา ฯลฯ

낭쓰- 딘써- 빠-ㄱ까- 뻰똔

(4) ๆ (ไม้ยมก 마이 야 목) : 단어나 구의 반복을 표시하거나 의미를 강조할 때 사용한다.

บ่อย ๆ 버이 버이

ทุก ๆ วัน 툭 툭 완

วัน หนึ่ง ๆ 완능 완능

(5) ์ (การันต์ 까-란) : 자음의 위에 위치하며 자음의 묵음을 표시한다.

สัตว์ 쌋 (동물)

อาจารย์ 아- 짜-ㄴ (교수)

หนังสือพิมพ์ 낭 쓰-핌 (신문)

태국어의 고유숫자는 다음과 같다.

๑(능)	๒(써-ㅇ)	๓(싸-ㅁ)	๔(씨-)	๕(하-)
1	2	3	4	5
๖(혹)	๗(쩻)	๘(뻬-ㅅ)	๙(까오)	๑๐(씹)
6	7	8	9	10

제 2 편 태국어 말하기

2

수업용어

1. **ฟังดีๆ**
   황 디- 디-
   잘 들으세요

2. **ทุกคนพูดตามผม(ดิฉัน)**
   툭 콘 푸-ㅅ 따-ㅁ 폼 (디찬)
   (나를) 따라서 말하세요

3. **กรุณาพูดช้า ๆ**
   까루나- 푸-ㅅ차- 차-
   천천히 말씀해 주세요

4. **กรุณาพูดอีกครั้งค่ะ/ครับ**
   까루나- 푸-ㅅ 이-ㄱ 크랑 카/크랍
   다시 한 번 말씀해 주세요

5. คุณเข้าใจไหม

큰 카오 짜이 마이

(여러분) 이해 했습니까?

ไม่เข้าใจค่ะ/ครับ

마이 카오 짜이 카/ 크랍

이해하지 못했어요

เข้าใจแล้วค่ะ/ครับ

카오 짜이 래-우 카/ 크랍

이해했어요

6. เปิดหนังสือของคุณ

빠-ㅅ 낭쓰- 커-ㅇ 쿤

(당신의) 책을 펴세요

7. พูดภาษาไทยซิคะ/ครับ

푸-ㅅ 파-싸- 타이 씨 카/크랍

태국어로 말하세요

8. อย่าพูดภาษาเกาหลี

야- 푸-ㅅ 파-싸- 까오리-

한국어로 말하지 마세요

9. กรุณางดสูบบุหรี่

까루나- 응옷 쑤-ㅂ 부리-

금연하세요

10. รีบเข้ามานั่งซิ

리-ㅂ 카오 마- 낭 씨

빨리 들어와 앉으세요

11. ขอโทษที่มาสายค่ะ/ครับ

커-토-ㅅ 티- 마- 싸-이 카/크랍

늦어서 미안합니다.

12. ขออนุญาตไปห้องน้ำค่ะ/ครับ

커- 아누야-ㅅ 빠이 허-ㅇ남 카/크랍

화장실 좀 가겠습니다.

13. นั่นแหละดี

난 래 디-

잘 했습니다.

14. หมดเวลาแล้ว

못 웨-ㄹ라- 래-우

시간이 되었습니다.

15. พบกันพรุ่งนี้

폽 깐 프룽니-

내일 만나요

16. ได้เวลาเริ่มเรียนแล้ว

다이 웨-ㄹ라- 러-ㅁ 리얀 래-우

공부 시작할 시간입니다.

17. นี่คืออะไรคะ/ครับ

니- 크- 아라이 카/크랍

이것은 무엇입니까?

18. มีคำถามอะไรไหม

미- 캄타-ㅁ 아라이 마이

질문이 있습니까?

19. อย่าพูดกับเพื่อนคุณ

야- 푸-ㅅ 깝 프언 쿤

친구와 이야기 하지 마세요

20. เสียงคุณผิด

씨양 쿤 핏

(당신의)성조가 틀렸어요

(เสียงคุณถูก)

씨양 쿤 툭

(당신의 성조가 맞았어요)

21. ไม่เข้าใจความหมาย ต้องถาม

마이 카오 짜이 콰-ㅁ마-이 떠-ㅇ 타-ㅁ

이해하지 못하면 반드시 질문하세요

22. ฝึกอ่านออกเสียง

흑 아-ㄴ 어-ㄱ 씨양

소리 내어 읽는 것을 연습하세요

23. ขอโทษครับอาจารย์ ผมไม่ได้ทำการบ้าน

커- 토-ㅅ 크랍 아-짜-ㄴ 폼 마이 탐 까-ㄴ바-ㄴ

교수님 죄송하지만 숙제를 하지 않았습니다.

24. โทรมาบอกก่อน ถ้ามีอะไร

토- 마- 버-ㄱ 꺼-ㄴ 타- 미- 아라이

일이 있으면 먼저 전화를 주세요.

25. จงตรงต่อเวลา

쫑 뜨롱 떠- 웨-ㄹ라-

시간을 정확히 지키시오.

1 인사

การทักทาย 까-ㄴ탁타-이

A: **สวัสดีค่ะ**

싸왓디- 카

안녕하십니까?

คุณสบายดีหรือคะ

쿤 싸바-이 디- 르- 카

(당신은) 평안하십니까?

B: **ผมสบายดีครับ**

폼 싸바-이 디- 크랍

저는 잘 지냅니다.

ขอบคุณ

커-ㅂ 쿤

감사합니다.

แล้วคุณล่ะครับ

래-우 쿤 라 크랍

당신은요?

A: **ดิฉันก็สบายดี**

디찬 꺼 싸바-이 디-

저도 잘 지냅니다.

단어

ทัก 탁 **인사(방문)하다**

คุณ 쿤 **당신**

หรือ 르- **의문조사**

ครับ 크랍 **(남성)존칭 어조사**

แล้ว 래-우 **그러면, 그리고 나서**

ล่ะ 라 **(어조사) 의문 · 명령 · 간원문 문미에 사용**

สวัสดีค่ะ/ครับ 싸왓디- 카/크랍 **만날 때와 헤어질 때의 인사말**

ทักทาย 탁타-이 **인사하다**

สบายดี 싸바-이 디- **평안하다**

ผม 폼 **남성 1인칭 대명사**

ขอบคุณ 커-ㅂ 쿤 **감사하다**

ก็ 꺼 **...도, 또한**

핵심 포인트

(1) 인칭대명사

ผม/ดิฉัน 남/녀 1인칭 대명사

폼 / 디찬

ผม(ดิฉัน)เป็นนักศึกษา

폼 (디찬) 뻰 낙쓱싸-

나는 대학생입니다.

คุณ 2인칭 대명사

쿤

คุณเป็นอาจารย์

쿤 뻰 아-짜-ㄴ

당신은 교수님입니다.

เขา/เธอ 남/녀 3인칭 대명사

카오/터-

เขา(เธอ)เป็นหมอ

카오 (터) 뻰 머-

그(그녀)는 의사입니다.

เรา 1인칭 복수

라오

เราเป็นคนเกาหลี

라오 뻰 콘까오리-

우리는 한국인입니다.

(2) 의문조사

태국어에서 의문사를 사용하지 않고 의문문을 만드는 용법은 의문조사를 문미에 사용하여 나타낸다.

태국어의 의문조사로는 **ไหม, หรือ, ใช่ไหม** 마이, 르-, 차이마이 등이 있다. **ไหม**는 주로 상대방의 의사를 타진할 때 사용하며 현재 및 미래 의문문을 나타낼 때 쓰이고, 과거시제와 함께 사용할 수 없다. **หรือ** 와 **ใช่ไหม**는 시제와 관계없이 의문문을 만들며 어떤 상황이나 상대방의 행위, 동작, 의사 등을 확인할 때 사용된다.

กินข้าวไหม
낀 카-우 마이
밥을 먹겠습니까? (상대방의 의사 타진)

กินข้าวหรือ
낀 카-우 르-
밥을 먹습니까? (상대방의 의사 확인)

กินข้าวใช่ไหม
낀 카-우 차이마이
밥을 먹습니까? (상대방의 의사 확인)

(3) " **ครับ** 크랍 "과 " **ค่ะ/คะ** 카/카 "

ครับ 크랍 은 화자가 남성인 경우 문미에 덧붙여 존칭어로 사용한다.

คุณมีหนังสือไหมครับ
쿤 미- 낭쓰- 마이 크랍
당신은 책이 있습니까?

ค่ะ/คะ 카/카 는 화자가 여성인 경우 문미에 덧붙여 존칭어로서 평서문/의문문에 사용한다.

ดิฉันมีดินสอค่ะ
디찬 미- 딘써- 카
나는 연필을 가지고 있어요.

คุณเป็นคนไทยใช่ไหมคะ
쿤 뻰 콘타이 차이마이 카
당신은 태국 사람이지요?

(4) " **แล้ว** 래-우 "

แล้ว 래-우 는 접속사로서 「그리고, 그리고 나서」의 의미로 사용한다.

เขาอาบน้ำแล้วนอน
카오 아-ㅂ남 래-우 너-ㄴ
그는 목욕을 하고 누웠다.

แล้วคุณล่ะ 래-우 쿤 라 는 일종의 앞 문장에 대한 의견을 되풀이하는 의문문이다.

ผมสบายดี
폼 싸바-이 디-
나는 편안합니다.

แล้วคุณล่ะครับ
래-우 쿤 라 크랍
당신은요?

연습문제

다음 우리말을 태국어로 옮기시오.

(1) 안녕하십니까?

(2) 그녀는 잘 지냅니다.

(3) 감사합니다.

(4) 당신은요?

(5) 저도 잘 지냅니다.

태국문화 알기

타이 문자 : 현재 사용하고 있는 루앙 프라방(Luang Prabang) 문자는 13세기 말 쑤코타이왕국의 제 3대 람캄행대왕(재위기간: AD 1275-1317년)이 만든 "쑤코타이 문자" 에 바탕에 두고 있다. 서기 1238년에 만들어진 람캄행대왕의 비문은 쑤코타이 문자로 된 최고의 문헌이며, 이 비문에는 당시 쑤코타이왕국의 생활상을 엿볼 수 있다. 당시 왕국의 태평성대시절을 표현한 문장이 있는데, 오늘날에도 태국인들은 '논에는 쌀이 있고, 물에는 물고기가 있다(나이 나 미 카우 나이 남 미 쁠라)' 라는 문장을 애송하며 그리워하고 있다.

2 자기 소개

การแนะนำตัว 까-ㄴ내남뚜워

A: **สวัสดีค่ะ**
싸왓디- 카
안녕하세요

คุณชื่ออะไรคะ
쿤 츠- 아라이 카
당신의 이름은 무엇입니까?

B: **สวัสดีครับ**
싸왓디- 크랍
안녕하십니까?

ผมชื่ออันจองมินครับ
폼 츠- 안 쩌-ㅇ민 크랍
나의 이름은 안정민입니다.

A: คุณมาจากไหนคะ

쿤 마- 짜-ㄱ 나이 카

당신은 어디에서 왔습니까?

B: ผมมาจากประเทศเกาหลีครับ

폼 마- 짜-ㄱ 쁘라테-ㅅ까오리- 크랍

한국에서 왔습니다.

A: คุณเป็นนักศึกษาใช่ไหมคะ

쿤 뻰 낙쓱싸- 차이마이 카

당신은 학생이지요?

B: ใช่ครับ ผมเป็นนักศึกษาเกาหลีครับ

차이 크랍 폼 뻰 낙쓱싸- 까오리- 크랍

네 나는 한국학생입니다.

A: ยินดีที่ได้รู้จักคุณค่ะ

인디- 티- 다이 루-짝 쿤 카

당신을 알게 되어서 반갑습니다.

B: ผมก็เช่นเดียวกันครับ

폼 꺼 체-ㄴ디여우깐 크랍

저도 역시 마찬가지입니다.

핵심 포인트

단어

แนะนำ	내남	**소개하다**
ชื่อ	츠-	**이름**
มาจาก	마- 짜-ㄱ	**출신이다**
มา	마-	**오다**
ประเทศ	쁘라테-ㅅ	**국가**
เป็น	뻰	**으로, ...이다**
ใช่ไหม	차이마이	**의문조사**
ได้	다이	**과거 조동사**
เช่น	체-ㄴ	**모양, 예를 들면**
เช่นเดียวกัน	체-ㄴ디여우깐	**같다, 마찬가지이다**
ที่	티-	**관계 대명사 ...것...인(한)**
ตัว	뚜워	**자기, 자신**
อะไร	아라이	**무엇**
ไหน	나이	**어느, 어떤**
จาก	짜-ㄱ	**...에서부터**
เกาหลี	까오리-	**한국**
นักศึกษา	낙쓱싸-	**학생**
ยินดี	인디-	**기쁘다, 반갑다**
รู้จัก	루-짝	**알다**

(1) 의문사

ใคร 누가, 누구

크라이

ใครเป็นครู

크라이 뻰 크루-

누가 선생님입니까?

ใครอยู่ที่บ้าน

크라이 유- 티- 바-ㄴ

누가 집에 있습니까?

อะไร 무엇

아라이

คุณมีอะไร

쿤 미- 아라이

당신은 무엇을 가지고 있습니까?

อะไรใหญ่

아라이 야-이

무엇이 큽니까?

เมื่อไร 언제

므어-라이

คุณจะอ่านหนังสือเมื่อไร

쿤 짜 아-ㄴ 낭쓰- 므어-라이

당신은 언제 책을 읽을 것입니까?

เธอจะกลับเมื่อไร

터- 짜 끌랍 므어-라이

그녀는 언제 돌아옵니까?

ใด, ไหน 어느, 어떤

다이, 나이

คนใดสวยที่สุด

콘 다이 쑤워이 티-쑷

어느 사람이 가장 예쁩니까?

หมวกใบไหนเป็นหมวกของคุณ

무웍 바이 나이 뻰 무웍 커-ㅇ 쿤

어느 모자가 당신의 것입니까?

핵심 포인트

ทำไม 왜
탐마이

ทำไมคุณไม่ตอบ
탐마이 쿤 마이 떠-ㅂ
왜 당신은 대답하지 않습니까?

ทำไมคุณไม่ไป
탐마이 쿤 마이 빠이
왜 당신은 가지 않습니까?

อย่างไร 어떻게
야-ㅇ라이

ผลไม้นี้กินอย่างไร
폰라마이 니- 낀 야-ㅇ라이
이 과일은 어떻게 먹습니까?

จะทำอย่างไรดี
짜 탐 야-ㅇ라이 디-
어떻게 하는 것이 좋습니까?

กี่ 몇
끼-

ครอบครัวของคุณมีกี่คน
크러-ㅂ크루워 커-ㅇ 쿤 미- 끼- 콘
당신의 가족은 몇 명입니까?

ในโรงเรียนนี้มีครูกี่คน
나이 로-ㅇ리얀 니- 미- 크루- 끼- 콘
이 학교에는 선생님이 몇 분 있습니까?

เท่าไร 얼마
타오라이

ดินสอนี้ราคาเท่าไร
딘써- 니- 라-카- 타오라이
이 연필은 가격이 얼마입니까?

(2) 국가명

ประเทศเกาหลี 한국 쁘라테-ㅅ까오리-	ประเทศไทย 태국 쁘라테-ㅅ타이
ประเทศจีน 중국 쁘라테-ㅅ찌-ㄴ	ประเทศญี่ปุ่น 일본 쁘라테-ㅅ이-뿐
ประเทศอเมริกา 미국 쁘라테-ㅅ아메-리까-	ประเทศอังกฤษ 영국 쁘라테-ㅅ앙끄릿
ประเทศสเปน 스페인 쁘라테-ㅅ싸뻬-ㄴ	ประเทศฝรั่งเศส 프랑스 쁘라테-ㅅ화랑쎄-ㅅ
ประเทศเยอรมัน 독일 쁘라테-ㅅ으ㅓ- 라만	ประเทศโปรตุเกส 포루투칼 쁘라테-ㅅ 쁘로-뚜께-ㅅ

(3) 의문조사 " ใช่ไหม 차이마이 " 의 대답

상대방 의사를 확인하는 의문문의 답변이 긍정일 경우 ใช่ 차이 「네」, 부정일 경우 ไม่ใช่ 마이차이 「아니요」로 문두에 먼저 대답한다.

คุณมีหนังสือภาษาไทยใช่ไหม

쿤 미 낭쓰- 파-싸-타이 차이마이

당신은 태국책을 가지고 있지요?

(긍정)

ใช่ครับ ผมมีหนังสือภาษาไทย

차이 크랍 폼 미- 낭쓰- 파-싸-타이

네, 나는 태국책을 가지고 있습니다.

(부정)

ไม่ใช่ครับ ผมไม่มีหนังสือภาษาไทย

마이차이 크랍 폼 마이 미- 낭쓰-파-싸-타이

아니오, 나는 태국책을 가지고 있지 않습니다.

연습문제

다음 우리말을 태국어로 옮기시오.

(1) 당신 아버지의 이름은 무엇입니까?

(2) 내 이름은 김철수입니다.

(3) 그는 어디에서 왔습니까?

(4) 나는 태국에서 왔습니다.

(5) 당신은 선생님이지요?

(6) 나는 한국 학생입니다.

(7) 당신을 만나서 반갑습니다.

(8) 저도 역시 마찬가지입니다.

태국문화 알기

태국인의 기본예의 : 대체로 태국인은 작거나 낮은 음성으로 속삭이듯 말하며 목소리에 자신의 감정을 나타내지 않는다. 커다란 목소리로 말하는 사람은 교양이 없다고 여긴다. 물건을 건네거나 음식을 먹을 때, 그리고 악수할 때에는 오른 손을 사용하고 왼손은 사용하지 않는다. 이슬람교도들과 마찬가지로 왼손은 주로 화장실에서 사용하는 손이라 생각하기 때문이다. 어른으로부터 물건을 주고 받을 때는 공손히 두 손을 사용한다. 특히 태국 어린이에게 귀엽다고 머리를 만지는 것은 금기해야 할 사항이다. 이는 머리가 신체의 제일 중요한 부분이며 그 속에 영혼이 깃들어 있다고 태국인들이 믿고 있기 때문이다.

3 가족

ครอบครัว 크러-ㅂ크루워

A: **สวัสดีค่ะ คุณสมชาย**

싸왓디- 카 쿤 쏨차-이

안녕하세요. 쏨차이씨

คุณมีพี่น้องกี่คนคะ

쿤 미- 피-너-ㅇ 끼- 콘 카

당신은 형제가 몇 명입니까?

B: **ผมมีพี่น้องสามคนครับ**

폼 미- 피-너-ㅇ 싸-ㅁ 콘 크랍

나는 3명의 형제가 있습니다.

A: **คุณเป็นคนที่เท่าไรคะ**

쿤 뻰 콘 티- 타오라이 카

당신은 몇 째입니까?

B: ผมเป็นคนกลางครับ

폼 뻰 콘 끌라-ㅇ 크랍

나는 중간입니다.

มีพี่ชายหนึ่งคน น้องสาวหนึ่งคน

미- 피-차-이 능 콘 너-ㅇ 싸-우 능 콘

형 1명 여동생 1명 입니다.

A: พี่ชายของคุณแต่งงานหรือยังคะ

피- 차-이 커-ㅇ 쿤 때-ㅇ응아-ㄴ 르-양 카

당신의 형은 결혼했습니까?

B: แต่งงานแล้ว มีลูกสองคน

때-ㅇ응아-ㄴ 래-우 미- 루-ㄱ 써-ㅇ 콘

결혼했어요. 자식이 2명 있습니다.

ชายหนึ่ง หญิงหนึ่ง

차-이 능 잉 능

남자 1명 여자 1명

แล้วคุณล่ะ

래-우 쿤 라

당신은요?

A: ดิฉันยังไม่แต่งงานค่ะ

디찬 양 마이 때-ㅇ응아-ㄴ 카

저는 아직 결혼하지 않았습니다.

단어

ครอบครัว 크러-ㅂ크루워 **가족**
พี่น้อง 피-너-ㅇ **형제, 자매**
เท่าไร 타오라이 **몇, 얼마**
(=เท่าใด 타오다이)
พี่ชาย 피-차-이 **형**
หนึ่ง 능 **하나, 일**
แต่งงาน 때-ㅇ응아-ㄴ **결혼하다**
ชาย 차-이 **남자**
สอง 써-ㅇ **둘, 이**
มี 미- **있다, 가지다**
สาม 싸-ㅁ **셋, 삼**
กลาง 끌라-ㅇ **가운데**
น้องสาว 너-ㅇ싸-우 **여동생**
ของ 커-ㅇ **...의, 물건**
ลูก 루-ㄱ **자식**
หญิง 잉 **여자**
ยัง 양 **아직, 역시**
ไม่ 마이 **동사, 부동사, 형용사 등을 부정하는 말**

(1) 가족

คุณพ่อ 아버지 쿤퍼-	คุณแม่ 어머니 쿤매-
ลูกชาย 아들 루-ㄱ차-이	ลูกสาว 딸 루-ㄱ싸-우
ลูกคนกลาง 가운데 자식 루-ㄱ콘끌라-ㅇ	ลูกคนที่สอง 둘째 자 식 루-ㄱ콘티-써-ㅇ
พี่ชาย 형 (오빠) 피-차-이	พี่สาว 누나 (언니) 피-싸-우

น้องชาย 남동생 너-ㅇ차-이	**น้องสาว** 여동생 너-ㅇ싸-우
ปู่ 할아버지 뿌-	**ย่า** 할머니 야-
ตา 외할아버지 따-	**ยาย** 외할머니 야-이
หลานชาย 손자, 조카 라-ㄴ차-이	**หลานสาว** 손녀 라-ㄴ싸-우

(2) 수량사

수량사란 사람 또는 사물의 수를 셀 때 그 사물에 대응되는 단위를 사용하여 그 수의 구체성을 나타내는 명사이며 때때로 수량명사, 유별사 라고도 한다.

① 수량사의 위치

가. 명사 + 수사 + 수량사

คนเกาหลีสามคน 한국인 세 사람
콘까오리- 싸-ㅁ 콘

ร่มสองคัน 우산 두 개
롬 써-ㅇ 칸

ไก่ห้าตัว 닭 다섯 마리
까이 하- 뚜워

나. 명사 + 수량사+ 지시 형용사

บ้านหลังนี้ 이 집
반-ㄴ 랑 니-

หินก้อนนั้น 그 돌
힌 꺼-ㄴ 난

หนังสือเล่มโน้น 저 책
낭쓰- 레-ㅁ 노-ㄴ

다. 명사+ 형용사+ 수사+ 수량사

ช้างเผือกสามเชือก 흰 코끼리 세 마리
차-ㅇ 프-억 싸-ㅁ 츠억

นาฬิกาสีแดงหนึ่งเรือน 빨간 시계 한 개
나-리까- 씨-대-ㅇ 능 르언

ดินสอสีน้ำตาลห้าแท่ง 갈색 연필 다섯 자루
딘써- 씨-남따-ㄴ 하- 태-ㅇ

라. 명사+ 형용사+ 수량사+ 지시형용사

หมวกใหญ่ใบนี้ 이 큰 모자
무웍 야이 바이 니-

ผู้หญิงสวยคนโน้น 저 예쁜 여자
푸-잉 쑤워이 콘 노-ㄴ

หมาดำตัวนั้น 그 검은 개
마- 담 뚜워 난

마. 명사+ 형용사+ 수사+ 수량사+ 지시 형용사

จานเล็กห้าใบนี้ 이 다섯 개의 작은 접시
짜-ㄴ 렉 하- 바이 니-

คนเกาหลีตัวสูงหกคนโน้น 저 여섯 사람의 키 큰 한국인
콘까오리- 뚜워 쑤-ㅇ 혹 콘 노-ㄴ

หนังสือสีเหลืองสามเล่มนั้น 그 세 권의 노란색 책
낭쓰- 씨-르엉 싸-ㅁ 레-ㅁ 난

(3) 수사

수사는 기수사와 서수사로 나뉘고 서수사는 " ที่+기수사 "로 한다.

① 기수사

ศูนย์ 0 쑤-ㄴ	**หนึ่ง** 1 능
สอง 2 써-ㅇ	**สาม** 3 싸-ㅁ
สี่ 4 씨-	**ห้า** 5 하-
หก 6 혹	**เจ็ด** 7 젯

แปด 8 빼-ㅅ	เก้า 9 까오
สิบ 10 씹	สิบเอ็ด 11 씹엣

10 단위에 오는 1자는 **หนึ่ง** 능 을 쓰지 않고 **เอ็ด** 엣 을 쓴다. 20은 **สองสิบ** 써-ㅇ씹 이라고 쓰지 않고 **ยี่สิบ** 이-씹 이라 한다.

② 서수사

ที่หนึ่ง 제 1, 첫째 티-능	ที่สอง 제 2, 둘째 티-써-ㅇ
ที่สาม 제 3, 셋째 티-싸-ㅁ	ที่สี่ 제 4, 넷째 티-씨-
คนที่ห้า 다섯번 째 사람 콘티-하-	วันที่หก 제 6일 완티-혹

(4) 부정문

① 체언 술어문의 부정문은 **เป็น** 뻰 또는 **คือ** 크- 를 생략하고 부정사 **ไม่ใช่** 마이차이 를 체언 앞에 놓는다.

(긍정)

ผมเป็นนักศึกษา

폼 뻰 낙쓱싸-
나는 학생입니다.

(부정)

ผมไม่ใช่นักศึกษา

폼 마이차이 낙쓱싸-

나는 학생이 아닙니다.

(긍정)

นี่คือวัดบอมออ

니- 크- 왓버-ㅁ어-

이것은 범어사입니다.

(부정)

นี่ไม่ใช่วัดบอมออ

니- 마이차이 왓버-ㅁ어-

이것은 범어사가 아닙니다.

② 형용사 술어문의 부정문은 부정사 ไม่ 마이 를 형용사 앞에 놓는다.

(긍정)

ผู้หญิงคนนี้สวย

푸-잉 콘 니- 쑤워이

이 여자는 예쁩니다.

(부정)

ผู้หญิงคนนี้ไม่สวย

푸-잉 콘 니- 마이 쑤워이

이 여자는 예쁘지 않습니다.

③ 동사술어문의 부정문은 부정사 ไม่ 마이 를 동사 앞에 놓는다.

(긍정)

ผมเรียนภาษาไทย

폼 리얀 파-싸-타이

나는 태국어를 배웁니다.

(부정)

ผมไม่เรียนภาษาไทย

폼 마이 리얀 파-싸-타이

나는 태국어를 배우지 않습니다.

연습문제

다음 우리말을 태국어로 옮기시오.

(1) 당신은 형제가 몇 명입니까?

(2) 당신은 몇 째 입니까?

(3) 나는 둘째 입니다.

(4) 당신의 누나는 결혼했습니까?

(5) 결혼했어요. 자식이 3명이 있습니다.

남자 2명과 여자 1명이 있습니다.

(6) 나의 형은 아직 결혼하지 않았습니다.

4 이것

นี่ 니-

A: **นี่อะไรคะ**
니- 아라이 카
이것은 무엇입니까?

B: **นี่โต๊ะหนังสือครับ**
니- 또낭쓰- 크랍
이것은 책상입니다.

A: **นั่นสมุดของใครคะ**
난 싸뭇 커-ㅇ 크라이 카
그것은 누구의 공책입니까?

B: **นั่นสมุดของผมครับ**
난 싸뭇 커-ㅇ 폼 크랍
그것은 나의 공책입니다.

핵심 포인트

A: โน่นรองเท้าและถุงเท้าใช่ไหมคะ
노-ㄴ 러-ㅇ타오 래 퉁타오 차이마이 카
저것은 구두와 양말이지요?

B: ไม่ใช่ครับ
마이차이 크랍
아닙니다.

โน่นเป็นกระเป๋าและร่มครับ
노-ㄴ 뻰 끄라빠오 래 롬 크랍
저것은 가방과 우산입니다.

A: นั่นหน้าต่างหรือประตู
난 나-따-ㅇ 르- 쁘라뚜-
그것은 창문입니까 또는 문입니까?

B: นั่นหน้าต่างครับ
난 나-따-ㅇ 크랍
그것은 창문입니다.

단어

นี่	니-	**이것**	อะไร	아라이	**무엇**
โต๊ะ	또	**테이블, 책상**	โต๊ะหนังสือ	또낭쓰-	**책상**
นั่น	난	**그것**	สมุด	싸뭇	**공책**
ของ	커-ㅇ	**...의**	ใคร	크라이	**누구**
โน่น	노-ㄴ	**저것**	รองเท้า	러-ㅇ타오	**구두**
และ	래	**그리고**	ถุงเท้า	퉁타오	**양말**
ไม่ใช่	마이차이	**아니다**	เป็น	뻰	**이다**
กระเป๋า	끄라빠오	**가방**	ร่ม	롬	**우산**
หน้าต่าง	나-따-ㅇ	**창문**	ประตู	쁘라뚜-	**문**
หรือ	르-	**의문조사, 또는**			

(1) 지시대명사

지시대명사로는 **นี่** 니-「이것, 이 사람」, **นั่น** 난 「그것, 그 사람」, **โน่น** 노-ㄴ 「저것, 저 사람」등 3가지로 물건이나 사람을 지칭할 때 쓰인다.

นี่(เป็น)ปากกา 이것은 만년필입니다.
니- (뻰) 빠-ㄱ까-

นั่นหนังสือของผม 그것은 나의 책입니다.
난 낭쓰- 커-ㅇ 폼

โน่นเป็นคุณตาของดิฉัน
노-ㄴ 뻰 쿤따- 커-ㅇ 디찬

저분은 나의 할아버지입니다.

핵심 포인트

지시대명사는 전치사와 합쳐서 부사구를 형성한다.

ที่นี่ 여기, 이곳 티-니-	**ที่นั่น** 거기, 그곳 티-난
ที่โน่น 저기, 저곳 티-노-ㄴ	**จากที่นี่** 여기서부터 짜-ㄱ니-
จากที่นั่น 거기서부터 짜-ㄱ난	**จากที่โน่น** 저기서부터 짜-ㄱ노-ㄴ

(2) " **ของ** 커-ㅇ " 「…의」의미로 사용한다.

บ้านของคุณพ่อ 아버지의 집
바-ㄴ 커-ㅇ 쿤퍼-

เพื่อนของดิฉัน 나의 친구
프언 커-ㅇ 디찬

กระเป๋าของคุณแม่ 어머니의 가방
끄라빠오 커-ㅇ 쿤매-

연습문제

다음 우리말을 태국어로 옮기시오.

(1) 이것은 무엇입니까?

(2) 그것은 누구의 가방입니까?

(3) 저것은 아버지의 만년필이지요?

(4) 저것은 아버지의 만년필이 아닙니다.

(5) 그것은 창문입니까 또는 문입니까?

(6) 저 사람은 나의 교수님입니다.

태국문화 알기

태국인의 이름 : 태국인의 성명은 이름이 앞에 오고 성은 뒤에 오며, 성은 아버지 성을 따른다. 그러나 2003년 6월 '성명법' 개정에 의해 결혼한 여성의 경우 처녀 때 사용하던 성을 그대로 사용하든지 남편의 성을 사용하는 것에 대한 선택권이 주어졌다. 태국인의 이름은 대체로 길어 대부분이 부르기 좋고 외우기 쉽도록 '츠렌' 이라는 별명 또는 애칭이 있다. 그리고 처음 만났을 때 이름 앞에 '쿤' 이라고 붙여 부르면 상대방에 대한 존칭어가 된다.

태국인의 인사법(와이) : 태국인의 인사법은 두 손을 모아 합장하여 자신의 가슴 위에 대며 머리를 숙이고 무릎을 구부리면서 "싸왓디카(크랍)" 이라고 말한다. 상대방에 대한 존경의 표시는 머리 숙이기와 무릎 구부리기에 비례한다. 아침과 저녁 인사 등은 동일하게 '안녕하세요' 의 의미인 '싸왓디카(크랍)' 이며 잠자리에 들 때 인사는 '안녕히 주무세요' 의 의미인 '라뜨리 싸왓' 이다.

5 날씨와 계절

อากาศและฤดู 아-까-ㅅ 래르두-

A: **วันนี้อากาศเป็นอย่างไรคะ**
완니- 아-까-ㅅ 뻰 야-ㅇ라이 카
오늘은 날씨가 어떻습니까?

B: **ดีมากครับ**
디- 마-ㄱ 크랍
매우 좋습니다.

A: **ประเทศไทยมีกี่ฤดูคะ**
쁘라테-ㅅ타이 미- 끼- 르두- 카
태국에는 몇 계절이 있습니까?

B: **มี 3 ฤดูครับ**
미- 싸-ㅁ 르두- 크랍
3계절이 있습니다.

A: มีฤดูอะไรบ้างคะ
미- 르두- 아라이 바-ㅇ 카
어느 계절이 있습니까?

B: มีฤดูร้อน ฤดูฝน ฤดูหนาวครับ
미- 르두-러-ㄴ 르두-훈 르두-나-우 크랍
여름 우기 겨울입니다.

A: หน้าร้อนเริ่มเมื่อไรคะ
나-러-ㄴ 러-ㅁ 므어라이 카
여름은 언제 시작합니까?

B: เริ่มเดือนมีนาคมถึงเดือนมิถุนายน
러-ㅁ 드언 미-나-콤 틍 드언 미투나-욘
3월부터 시작해서 6월까지입니다.

A: ประเทศไทยมีหิมะไหม
쁘라테-ㅅ타이 미- 히마 마이
태국에는 눈이 있습니까?

B: ไม่มีเลยครับ
마이 미- 러-이 크랍
전혀 없습니다.

단어

วันนี้ 완니- **오늘**
อย่างไร 야-ㅇ라이 **어떻게**
ประเทศ 쁘라테-ㅅ **국가**
ฤดู 르두- **계절**
ฤดูร้อน 르두-러-ㄴ **여름**
ฤดูหนาว 르두-나-우 **겨울**
เริ่ม 러-ㅁ **시작하다**
เดือน 드언 **달,월**
ถึง 틍 **도착하다, ...까지**
หิมะ 히마 **눈**
อากาศ 아-까-ㅅ **날씨**
ดี 디- **좋다**
ไทย 타이 **태국의**
บ้าง 바-ㅇ **어떤, 약간의**
ฤดูฝน 르두-훈 **우기**
หน้าร้อน 나-러-ㄴ **여름**
เมื่อไร 므어라이 **언제**
มีนาคม 미-나-콤 **3월**
มิถุนายน 미투나-욘 **6월**
ไม่...เลย 마이 러-이 **전혀...아니다**

(1) 시간을 나타내는 부사

วันนี้ 오늘 완니-	**เมื่อวานนี้** 어제 므어와-ㄴ니-
พรุ่งนี้ 내일 프룽니-	**มะรืนนี้** 모레 마르-ㄴ니-

วานซืนนี้ 그저께 와- ㄴ쓰-ㄴ니-	**มะเรื่องนี้** 글피 마르엉니-
เช้านี้ 아침 차오니-	**คืนนี้** 오늘 저녁 크-ㄴ니-
คืนพรุ่งนี้ 내일 저녁 크-ㄴ푸룽니-	**ทุกวัน** 매일 툭완
ทุกคืน 매일 밤 툭크-ㄴ	**ทั้งวัน** 하루종일 탕완
สองสามวัน 2-3 일 써-ㅇ싸-ㅁ완	**วันต่อไป** 다음날 완떠-빠이
เช้าวานซืนนี้ 그저께 아침 차오와-ㄴ쓰-ㄴ니-	**ก่อนหนึ่งวัน** 하루전 꺼-ㄴ능완

(2) 계절(**ฤดู, หน้า**)

ฤดูใบไม้ผลิ 봄 르두-바이마이프리	**ฤดูร้อน** 여름 르두-러-ㄴ
ฤดูใบไม้ร่วง 가을 르두-바이마이루엉	**ฤดูหนาว** 겨울 르두-나-우
ฤดูฝน 우기 르두-혼	**ฤดูแล้ง** 건기 르두-래-ㅇ

(3) 달(เดือน)

มกราคม 1월 마까라-콤	กุมภาพันธ์ 2월 꿈파-판
มีนาคม 3월 미-나-콤	เมษายน 4월 메-싸-욘
พฤษภาคม 5월 프릇싸파-콤	มิถุนายน 6월 미투나-욘
กรกฎาคม 7월 까라까다-콤	สิงหาคม 8월 씽하-콤
กันยายน 9월 깐야-욘	ตุลาคม 10월 뚜라-콤
พฤศจิกายน 11월 프릇싸찌까-욘	ธันวาคม 12월 탄와-콤

연습문제

다음 우리말을 태국어로 옮기시오.

(1) 오늘 날씨가 어떻습니까?

(2) 매우 덥습니다.

(3) 한국에는 몇 계절이 있습니까?

(4) 봄 여름 가을 그리고 겨울이 있습니다.

(5) 가을은 언제부터 시작합니까?

(6) 한국은 겨울에 눈이 많이 있습니까?

태국문화 알기

태국의 3대 사찰 : 태국 헌법에는 신앙의 자유가 보장되나 태국인의 약 95%이상이 불교신자이다. 태국의 유명한 3대 사찰은 왓프라깨우(에메랄드사원), 왓아룬(새벽 사원), 왓포(열반의 사원)이다. 이 사찰들은 모두 현 짝끄리왕국의 라마 1세(재위기간 AD 1782-1809년) 라마 2세(재위기간 AD 1809-1824년), 라마 3세(재위기간 AD 1824-1851년) 왕들이 즉위할 때마다 지은 사찰들로 태국인이 가장 즐겨 찾는 곳이다.

6 직업

อาชีพ 아-치-ㅂ

A: **คุณไปไหนคะ**
쿤 빠이 나이 카
(당신은) 어디 가십니까?

B: **ผมไปทำงานครับ**
폼 빠이 탐응아-ㄴ 크랍
나는 일하러 갑니다.

A: **คุณทำงานที่ไหนคะ**
쿤 탐응아-ㄴ 티-나이 카
당신은 어디서 일하십니까?

B: **ผมทำงานที่ธนาคารครับ**
폼 탐응아-ㄴ 티- 타나-카-ㄴ 크랍
나는 은행에서 일합니다.

A: ธนาคารอะไรคะ
타나-카-ㄴ 아라이 카
무슨 은행입니까?

B: ธนาคารกรุงเทพครับ
타나-카-ㄴ 꾸룽테-ㅂ 크랍
방콕은행입니다.

A: เพื่อนคุณทำงานธนาคารเหมือนกันหรือคะ
프언 쿤 탐응아-ㄴ 타나-카-ㄴ 므언 깐 르- 카
당신의 친구도 은행에서 같이 일합니까?

B: เปล่า ครับ
쁠라오 크랍
아닙니다(그는 그 곳에서 일하지 않습니다).

A: เขาทำงานอะไรคะ
카오 탐응아-ㄴ 아라이 카
그 사람은 무슨 일을 합니까?

B: เขาเป็นพ่อค้าครับ
카오 뻰 퍼-카- 크랍
그는 상인입니다.

A: ที่ทำงานของเขาอยู่ที่ไหนคะ
티- 탐응아-ㄴ 커-ㅇ 카오 유- 티-나이 카
그의 사무실은 어디입니까?

B: อยู่ที่ถนนสุขุมวิท

유- 티- 타논 쑤쿰윗

쑤쿰윗에 있습니다.

단어

อาชีพ	아-치-ㅂ	**직업**	ไป	빠이	**가다**
ไปไหน	빠이 나이	**어디 갑니까?**	ทำ	탐	**하다, 행하다**
งาน	응아-ㄴ	**일**	ทำงาน	탐응아-ㄴ	**일하다**
ธนาคาร	타나-카-ㄴ	**은행**	เพื่อน	프언	**친구**
เหมือนกัน	므언 깐	**...똑같이**	เปล่า	쁠라오	**아니다**
เขา	카오	**그 (3인칭 대명사)**	อะไร	아라이	**무엇**
พ่อค้า	퍼-카-	**상인**	อยู่	유-	**살다, 있다**
ที่ทำงาน	티- 탐응아-ㄴ	**사무실**	ถนน	타논	**도로**
สุขุมวิท	쑤쿰윗	**(지명) 쑤쿰윗**			

(1) " ไปไหน 빠이 나이 " 와 " ไปที่ไหน 빠이 티-나이 "

위 두 어휘는 의미는 같지만 상황과 대답은 다르다. ไปที่ไหน 빠이 티-나이 는 좀 더 구체적인 장소로 답변한다.

คุณไปไหนครับ

쿤 빠이 나이 크랍

어디 가십니까?

ผมไปกินข้าวครับ

폼 빠이 낀 카-우 크랍

나는 밥 먹으러 갑니다.

คุณจะไปทานที่ไหนครับ
쿤 짜 빠이 타-ㄴ 티-나이 크랍

당신은 어디에서 먹을 것입니까?

(ที่)ร้านอาหารฮันกุก
(티-) 라-ㄴ 아-하-ㄴ 한꾹

한국 음식점에서요

(2) " ที่ 티- "

ที่ 티- 는 전치사로서 바로 뒤에 명사와 결합하여 장소를 의미한다.

ที่โรงเรียน 학교에
티- 로-ㅇ리얀

ที่สถานทูต 대사관에
티- 싸타-ㄴ투-ㅅ

ที่บ้าน 집에
티- 반-ㄴ

ที่สถานีตำรวจ 경찰서에
티- 싸타-니- 땀루웟

(3) " เหมือนกัน 므언깐 " 과 " เหมือนกับ 므언깝 "

이 두 어휘는 의미는 같으나 용법은 다르다.

ดอกไม้นี้และดอกไม้โน้นสวยเหมือนกัน
더-ㄱ마이 니- 래 더-ㄱ마이 노-ㄴ 쑤워이 므언깐

이 꽃과 저 꽃은 똑같이 예쁘다.

ดอกไม้นี้สวยเหมือนกับดอกไม้โน้น
더-ㄱ마이 니- 쑤워이 므언깝 더-ㄱ마이 노-ㄴ

이 꽃은 저 꽃과 마찬가지로 예쁘다.

(4) " เปล่า 쁠라오 "

เปล่า 쁠라오 는 부정사로 전체 문장을 부정하는「그렇지 않다」의 의미로 사용한다.

คุณเป็นหมอใช่ไหม 당신은 의사입니까?
쿤 뻰 머- 차이마이

เปล่าครับ 아닙니다.
쁠라오 크랍

(ผมไม่ใช่หมอ) (나는 의사가 아닙니다.)
(폼 마이차이 머-)

(5) " อยู่ 유- "

อยู่ 유- 는「살다, 거주하다」 또는「있다, 존재하다」의 의미로 사용한다.

คุณอยู่ที่ไหน 당신은 어디에 삽니까?
쿤 유- 티-나이

หมออยู่ที่โรงพยาบาล 의사는 병원에 있습니다.
머- 유- 티- 로-ㅇ파야-바-ㄴ

연습문제

다음 우리말을 태국어로 옮기시오.

(1) 당신은 어디 가십니까?

(2) 나는 공부하러 도서관에 갑니다.

(3) 나는 학교에서 일합니다.

(4) 무슨 학교입니까?

(5) 당신의 아버지는 병원에서 일하십니까?

(6) 어머니는 무슨 일을 하십니까?

(7) 그녀는 주부입니다.

(8) 상인(商人)의 사무실은 우암동에 있습니다

7 음식

อาหาร 아-하-ㄴ

A: ไปทานข้าวด้วยกันไหมคะ
빠이 타-ㄴ카-우 두워이 깐 마이 카
밥 먹으러 같이 가시겠습니까?

B: ไปครับ
빠이 크랍
네.

ไปทานที่ไหนดีล่ะ
빠이 타-ㄴ 티-나이 디- 라
어디서 먹는 것이 좋을까요?

A: ที่ร้านอาหารไทยค่ะ
티- 라-ㄴ 아-하-ㄴ 타이 카
태국음식점에서요.

B: อร่อยไหมครับ
아러-이 마이 크랍

맛있습니까?

A: อร่อยค่ะ
아러-이 카

맛있어요

B: มีอาหารอะไรบ้าง
미- 아-하-ㄴ 아라이 바-ㅇ

무슨 음식이 있습니까?

A: มีก๋วยเตี๋ยว ข้าวผัด ต้มยำกุ้ง และอีกหลายอย่าง
미- 꾸워이띠여우 카-우팟 똠얌꿍 래
이-ㄱ 라-이 야-ㅇ

쌀국수, 볶음밥, 새우 넣은 신맛의 국 그리고 여러 종류가 있습니다.

B: อือน่ากิน
으- 나- 낀

어머나! 먹음직스럽군요

A: คุณจะทานอะไรล่ะคะ
쿤 짜 타-ㄴ 아라이 라 카

당신은 무엇을 먹겠습니까?

B: ผมจะทานก๋วยเตี๋ยวกับต้มยำกุ้งครับ
폼 짜 타-ㄴ 꾸워이띠여우 깝 똠얌꿍 크랍
나는 쌀국수와 새우 넣은 국을 먹겠습니다.

A: ดิฉันจะทานข้าวผัดหมูค่ะ
디찬 짜 타-ㄴ 카-우팟 무- 카
나는 돼지 볶음밥을 먹겠어요.

B: คุณจะดื่มอะไร
쿤 짜 드-ㅁ 아라이
당신은 무엇을 마시겠습니까?

A: กาแฟเย็นค่ะ คุณล่ะ
까후ㅐ 옌 카 쿤 라
냉커피요, 당신은요?

B: ผมขอน้ำเปล่าครับ
폼 커- 남쁠라오 크랍
나는 물로 주십시오.

단어

ทานข้าว 타-ㄴ카-우 밥을 먹다
ร้านอาหารไทย 라-ㄴ아-하-ㄴ타이 태국음식점

อร่อย	아러-이	**맛있는**	**บ้าง**	바-ㅇ	**좀,약간**
ก๋วยเตี๋ยว	꾸워이띠여우	**쌀국수**	**หลาย**	라-이	**여럿의**
ข้าวผัด	카-우팟	**볶음밥**	**อย่าง**	야-ㅇ	**종류**
อือ	으-	(감탄사) **어머나!**	**น้ำเปล่า**	남쁠라오	**맹물**
น่ากิน	나-낀	**먹음직스러운**	**ผัด**	팟	**볶다**
หมู	무-	**돼지**	**ข้าวผัดหมู**	카-우팟무-	**돼지 볶음밥**
น้ำ	남	**물**	**กาแฟเย็น**	까-후ㅐ옌	**냉 커피**
ขอ	커-	**요구(부탁)하다**	**ต้มยำกุ้ง**	똠얌꿍	**새우 넣은 신맛의 국**

(1) 음식에 관한 단어

เนื้อ 고기 느어	เนื้อวัว 쇠고기 느어우워
เนื้อหมู 돼지고기 느어무-	เนื้อไก่ 닭고기 느어까이
เนื้อเป็ด 오리고기 느어 뻿	ปลา 생선 쁠라
ปลาดิบ 생선회 쁠라-딥	ปลาทอด 생선튀김 쁠라-터-ㅅ
โจ๊ก 죽 쪼-ㄱ	ขนมปัง 빵 카놈빵

핵심 포인트

เนย 버터 너-이	เนยแข็ง 치즈 너-이캥
แยม 잼 예-ㅁ	ไข่ต้ม 삶은 계란 카이똠
ไข่เจียว 오믈렛 카이찌여우	ไข่ดาว 계란프라이 카이다우
สลัดผัก 야채 샐러드 쌀랏팍	ข้าวผัด 볶음밥 카-우팟
ข้าวต้ม 흰 죽 카-우똠	ของหวาน 디저트 커-ㅇ와-ㄴ

(2) 음료수에 관한 단어

เครื่องดื่ม 음료수 크르엉드-ㅁ	น้ำ 물 남
น้ำเย็น 냉수 남옌	น้ำร้อน 온수 남러-ㄴ
น้ำชา 차 남차-	กาแฟ 커피 까-후ㅐ-
น้ำชาฝรั่ง 홍차 남차-화랑	น้ำชาจีน 중국차 남차-찌-ㄴ

เบียร์ 맥주 비야	**น้ำอัดลม** 청량음료수 남앗롬
เหล้า 술 라오	**น้ำส้ม** 오렌지 쥬스 남쏨
น้ำมะนาว 라임쥬스 남마나-우	**น้ำองุ่น** 포도 쥬스 남아응운

(3) " **ร้าน**+(동사)+명사 " 는 가게를 나타내는 복합명사이다.

ร้าน(ขาย)เนื้อ 정육점 라-ㄴ(카-이)느어	**ร้าน(ขาย)หนังสือ** 서점 라-ㄴ(카-이)낭쓰-
ร้าน(ขาย)เสื้อผ้า 옷가게 라-ㄴ(카-이)쓰어 파-	**ร้าน(ขาย)ยา** 약국 라-ㄴ(카-이)야-
ร้าน(ขาย)รองเท้า 신발가게 라-ㄴ(카-이)러-ㅇ타오	**ร้าน(ขาย)ผลไม้** 과일가게 라-ㄴ(카-이)폰라마이
ร้านกาแฟ 커피집 라-ㄴ 까-후ㅐ-	**ร้านซักรีด** 세탁소 라-ㄴ싹리-ㅅ

(4) 감탄사

태국어의 감탄사는 문장의 앞 또는 뒤에 오며 다음과 같이 여러 종류가 있다.

가. 부르는 소리, 주의를 환기시킬 때

เฮ้ย 이런! 야아 ! 어이 !
허-이

나. 노여울 때

แหม่ 이런 !
매-

다. 놀랐을 때

เอ 에!
에-

แหม 어머나 !
매-

โอ 야아 !
오-

อุ๊ย 아이고 !
우이

라. 슬픔, 비애, 탄식할 때

โธ่ 제발 !
토-

พุทโธ่ 오호 !
풋토-

마. 기쁠 때

ไชโย 만세 !
차이요-

바. 이해를 했거나 생각이 났을 때

อ้อ 그래!
어-

อ๋อ 어-이!
어-

사. 의문을 갖는 놀라움을 나타낼 때

หือ 뭐!
흐-

아. 고통을 나타낼 때

อุ๊บ 야아!
읍

โอ๊ย 오-이!
오-이

(5) " **น่า** 나- + 동사 "
「할 만한, 할 만한 가치가 있는」의 의미로 사용한다.

น่ากิน 먹음직스러운 나-낀	**น่าดู** 볼 만한 나-두-
น่ากลัว 무서운 나-끌루워	**น่าอ่าน** 읽을 만한 나-아-ㄴ
น่ารัก 사랑스러운 나-락	**น่าฟัง** 들을 만한 나-황
น่าขัน 우스운 나-칸	**น่าเชื่อ** 믿을 만한 나-츠어
น่ารำคาญ 귀찮은 나-람카-ㄴ	**น่าสงสาร** 불쌍한 나-쏭싸-ㄴ

연습문제

다음 우리말을 태국어로 옮기시오.

(1) 우리 어디에서 밥먹는 것이 좋을까요?

(2) 나는 일본음식점에 갑니다.

(3) 무슨 음식들이 있습니까?

(4) 쇠고기, 생선튀김, 삶은 계란 그리고 빵이 있습니다.

(5) 당신은 무엇을 마시겠습니까?

(6) 오렌지 주스 좀 주세요.

태국문화 알기

태국 음식 : 태국인의 주식은 쌀이며, 태국의 음식문화는 태국 고유의 음식문화에 몬, 크메르, 인도, 중국, 말레이, 그리고 서양의 음식문화 요소가 융합되어 있다. 지방에 따라 음식의 종류가 다양하지만 대체로 아침식사는 흰죽(쪽), 점심식사는 쌀국수(꾸어이띠여우)의 면종류, 그리고 저녁식사는 하루 중 가장 푸짐한 식단이다. 쌈장(크르엉찜, 남프릭), 각종 야채, 그리고 생선튀김이나 생선구이가 기본이고 이외에 볶은 음식, 국(깽), 육포 등이 있다. 그리고 후식으로는 각종 과일과 떡류(카놈)가 있다. 그리고 종교에 따라 이슬람교도는 돼지고기, 힌두교인은 쇠고기를 금하지만 태국의 대부분의 사람들은 닭고기와 돼지고기를 즐긴다. 태국인이 좋아하는 한국음식은 주로 돼지갈비, 생선구이, 그리고 잡채 등이며 날음식은 좋아하지 않는다.

8 시간

เวลา 웨-ㄹ라-

A: ตอนนี้ กี่โมงคะ
떠-ㄴ니- 끼- 모-ㅇ 카
지금 몇 시입니까?

B: เก้าโมงกว่าแล้วครับ
까오 모-ㅇ 꽈- 래-우 크랍
오전 9시 조금 넘었어요

นาฬิกาของคุณเวลาเท่าไรครับ
나-리까- 커-ㅇ 쿤 웨-ㄹ라- 타오라이 크랍
당신의 시계는 몇 시 입니까?

A: นาฬิกาดิฉันอีกห้านาทีจะสามโมงเช้าค่ะ
나-리까- 디찬 이-ㄱ 하- 나-티- 짜 싸-ㅁ 모-ㅇ 차오 카
내 시계는 5분 있으면 오전 9시 입니다.

핵심 포인트

B: นาฬิกาคุณช้าไปสิบนาทีครับ

나-리까- 쿤 차- 빠이 씹 나-티- 크랍

당신 시계가 10분 느립니다.

A: งั้นดิฉันเห็นจะต้องรีบไปเดี๋ยวนี้ค่ะ

응안 디찬 헨 짜 떠-ㅇ 리-ㅂ 빠이 디여우니- 카

그러면 나는 지금 서둘러서 가야 될 것 같습니다.

B: คุณจะรีบไปไหนครับ

쿤 짜 리-ㅂ 빠이 나이 크랍

당신은 어디를 급히 갑니까?

A: จะไปเบิกเงินที่ธนาคารก่อน
แล้วจะไปไปรษณีย์

짜 빠이 버-ㄱ 응어-ㄴ 티- 타나-카-ㄴ 꺼-ㄴ
래-우 짜 빠이 쁘라이싸니-

먼저 은행에서 돈을 찾고 나서 우체국에 갈 것입니다.

B: จะกลับเมื่อไรครับ

짜 끌랍 므어라이 크랍

언제 돌아올 것 입니까?

A: ตอนบ่ายโมงค่ะ

떠-ㄴ 바-이 모-ㅇ 카

오후쯤에요.

단어

เวลา 웨-ㄹ라- **시간, 때(時)**
เช้า 차오 **아침**
นาฬิกา 나-리까- **시계**
อีก 이-ㄱ **또, 더욱 더**
เห็นจะ 헨짜 **...인 것 같다**
รีบ 리-ㅂ **서두르다**
เบิก 버-ㄱ **인출하다**
ก่อน 꺼-ㄴ **먼저, 전에**
กลับ 끌랍 **돌아오다**
บ่าย 바-이 **오후**
โมง 모-ㅇ **...때(時)**
กว่า 꽈- **이상의**
ช้า 차- **느리다**
นาที 나-티- **분**
ต้อง 떠-ㅇ **해야만 한다**
เดี๋ยวนี้ 디여우니- **지금, 즉시**
เงิน 응어-ㄴ **돈**
ไปรษณีย์ 쁘라이싸니- **우체국**
ตอน 떠-ㄴ **(시간의)때, 나절**
งั้น (อย่างนั้น, ยั้งนั้น 의 약자) 응안 (야-ㅇ난, 양난) **그러면**

(1) " **กว่า** 꽈-, **ครึ่ง** 크릉, **ตรง** 뜨롱 "

① **กว่า** 꽈- 는 「...남짓의」의미로 사용한다.

สามโมงเช้ากว่าแล้ว
싸-ㅁ 모-ㅇ 차오 꽈- 래-우
오전 9시 조금 지났다.

บ่ายสองโมงกว่าแล้ว
바-이 써-ㅇ 모-ㅇ 꽈- 래-우
오후 2시 조금 지났다.

② **ครึ่ง** 크릉 은 「30분 또는 반 시간」의 의미로 사용한다.

ห้าโมงเช้าครึ่ง
하- 모-ㅇ 차오 크릉

오전 11시 30분

สองทุ่มครึ่ง
써-ㅇ 툼 크릉

저녁 8시 30분

③ **ตรง** 뜨롱 은 「정각」의미로 사용한다.

สิบโมงตรง
씹 모-ㅇ 뜨롱

정각 오전 10시

หกโมงเย็นตรง
혹 모-ㅇ 옌 뜨롱

정각 오후 6시

(2) 시간의 단위

โมง 시　　**นาที** 분　　**วินาที** 초

모-ㅇ　　나-티-　　위나-티-

จากปูซานถึงกรุงโซลใช้เวลา 2 ชั่วโมง 25 นาที 32 วินาที

짜-ㄱ 뿌-싸-ㄴ- 틍 끄룽쏘-ㄴ 차이 웨-ㄹ라- 써-ㅇ 추-워 모-ㅇ

이-씹하 나-티- 싸-ㅁ 씹써-ㅇ 위나-티-

부산에서 서울까지 4시간 29분 30초 걸린다.

(3) " **อีก** + 시간의 기간 + **จะ** +시간 " 은 미래의 시간을 표시한다.

อีกห้านาทีจะสามโมงเช้า

이-ㄱ 하- 나-티- 짜 싸-ㅁ 모-ㅇ 차오

오전 9시 5분전

อีกสิบสามนาทีจะบ่ายสองโมง

이-ㄱ 씹 싸-ㅁ 나-티- 짜 바-이 써-ㅇ 모-ㅇ

오후 2시 13분전

핵심 포인트

(4) 태국어에서는 시간에 따라 사용하는 말이 다음과 같이 다르다

ตี (새벽 1시-5시) 띠-	**ตีหนึ่ง** 새벽 1시 띠-능
	ตีห้า 새벽 5시 띠- 하-
เช้า (오전 6시- 아침 11시) 차오	**หกโมงเช้า** 오전 6시 혹 모-ㅇ 차오
	หนึ่งโมงเช้า 오전 7시 능-모-ㅇ 차오
	ห้าโมงเช้า 오전 11시 하- 모-ㅇ 차오
เที่ยงวัน (정오) 티양 완	
บ่าย (오후 1시-4시) 바-이	**บ่าย(หนึ่ง)โมง** 오후 1시 바-이 (능)모-ㅇ
	บ่ายสี่โมง 오후 4시 바-이 씨- 모-ㅇ

เย็น (오후 4시-6시) 옌	**สี่โมงเย็น** 오후 4시 씨- 모-ㅇ 옌 **หกโมงเย็น** 오후(저녁) 6시 혹 모-ㅇ 옌
ทุ่ม (밤 7시-11시) 툼	**หนึ่งทุ่ม** 밤 7시 능 툼 **ห้าทุ่ม** 밤 11시 하-툼
เที่ยงคืน (자정) 티양크-ㄴ	

연습문제

다음 우리말을 태국어로 옮기시오.

(1) 지금 몇 시입니까?

(2) 오전 11시 조금 넘었습니다.

(3) 내 시계는 7분 있으면 정오입니다.

(4) 당신 시계는 15분 빠릅니다.

(5) 먼저 은행에서 돈을 찾고 나서 학교에 갈 것입니다.

(6) 언제 돌아올 것입니까?

(7) 저녁 8시예요.

(8) 나는 밤 11시 30분에 라면을 먹습니다.

태국문화 알기

위대한 쭐라롱껀대왕 : 쭐라롱껀대왕(재위기간 AD 1868-1910년)은 랏따나꼬씬 왕국의 제 5대왕으로 유럽 열강세력들에 의해서 동남아시아국가들이 식민지가 되는 동안에 태국이 유일하게 주권을 지킬 수 있도록 탁월한 지도력을 발휘한 국왕이다. 그는 태국인이 가장 존경하는 국왕으로 태국 근대화의 아버지이다. 또한 그는 태국의 정치, 사회, 경제 개혁을 주도하여 태국을 근대화 시키는데 중요한 역할을 한 국왕이다. 오늘날 많은 태국인들은 쭐라롱껀대왕 모습의 펜던트를 목에 걸기를 좋아한다. 이는 자신의 소망을 쭐라롱껀대왕에게 기도하면 이루어진다고 믿기 때문이다.

불력 : 태국인은 서기 보다 불력 사용을 더 선호한다. 태국의 불력은 부처가 열반한 해를 기점으로 하여 서기보다 543년이 이르며 한국의 북방불교 불력과는 차이가 있다. 태국에서 서기 2004년은 불력 2547년이다. 이 불력은 1932년 절대왕정체제에서 입헌군주체제로 정체가 변이된 이후에도 변함없이 태국인들이 사용한다. 또한 태국에서는 아라비아숫자보다도 태국의 고유숫자를 즐겨 사용한다.

9 약속

การนัด 까- ㄴ 낫

A: มาหาใครคะ

마- 하- 크라이 카

누구를 찾아오셨어요?

B: คุณสมชายอยู่ไหมครับ

쿤 쏨차-이 유- 마이 크랍

쏨차이 씨 있습니까?

A: ไม่อยู่ค่ะ

마이 유- 카

안 계십니다.

ออกไปข้างนอก

어-ㄱ 빠이 카-ㅇ 너-ㄱ

외출하셨어요

B: จะกลับเมื่อไร ทราบไหมครับ
짜 끌랍 므어라이 싸-ㅂ 마이 크랍
언제 돌아오시는지 아십니까?

A: เขาบอกว่าจะกลับก่อนเที่ยงค่ะ
카오 버-ㄱ 와- 짜 끌랍 꺼-ㄴ 티양 카
정오 전에 돌아오신다고 말씀하셨어요

เชิญเข้ามานั่งคอยข้างในก่อนซิคะ
처-ㄴ 카오 마- 낭 커-이 카-ㅇ 나이 꺼-ㄴ 씨 카
안에 들어오셔서 앉아서 잠시 기다리세요

(คุณ B เข้ามาในห้องรับแขก)
쿤 삐- 카오 마- 나이 허-ㅇ랍캐-ㄱ
(B씨가 응접실에 들어오다.)

B: ขอโทษ ที่นี่มีโทรศัพท์ไหมครับ
커-토-ㅅ 티-니- 미- 토-라쌉 마이 크랍
죄송하지만 여기 전화가 있습니까?

A: มีค่ะ
미- 카
있어요

B: (ผม) ใช้โทรศัพท์หน่อยได้ไหมครับ
(폼) 차이 토-라쌉 너-이 다이 마이 크랍
(제가) 전화를 사용할 수 있습니까?

A: **เชิญค่ะ**
처-ㄴ 카
사용하세요.

อยู่บนโต๊ะตัวนั้นค่ะ
유- 본 또- 뚜워 난 카
그 탁자 위에 있어요.

เห็นไหมคะ
헨 마이 카
보이세요?

B: **เห็นแล้วครับ**
헨 래-우 크랍
봤습니다.

ขอบคุณมาก
커-ㅂ 쿤 마-ㄱ
매우 감사합니다.

단어

นัด	낫	**약속하다**	**มาหา**	마- 하-	**방문하다, 찾아오다**
ออกไป	어-ㄱ 빠이	**나가다**	**ข้างนอก**	카-ㅇ너-ㄱ	**밖에**
ทราบ	싸-ㅂ	**알다**	**บอก**	버-ㄱ	**말하다**
ว่า	와-	**...라고 하다**	**เชิญ**	처-ㄴ	**간청하다, 어서**
เข้ามา	카오마-	**들어오다**	**นั่ง**	낭	**앉다**
ขอโทษ	커-토-ㅅ	**미안하다**	**ที่นี่**	티-니-	**이곳, 여기**
โทรศัพท์	토-라쌉	**전화**	**ใช้**	차이	**사용하다**
บน	본	**위에**	**มาก**	마-ㄱ	**많이**

핵심 포인트

โต๊ะ 또- 탁자
นั้น 난 지시형용사(그)
เห็น 헨 보이다
คอยก่อน 커-이꺼-ㄴ 잠시 기다리다
ห้องรับแขก 허-ㅇ랍캐-ㄱ 응접실
หน่อยได้ไหม 너-이 다이 마이 ...좀 해도 되겠습니까?

(1) " ข้าง 카-ㅇ " 방향을 표시하는 부사

ข้างขวา 오른쪽 카-ㅇ콰-	ข้างซ้าย 왼쪽 카-ㅇ싸-이
ข้างหน้า 앞 카-ㅇ나-	ข้างหลัง 뒤 카-ㅇ랑
ข้างบน 위 카-ㅇ본	ข้างล่าง 아래 카-ㅇ라-ㅇ
ข้างนอก 밖 카-ㅇ너-ㄱ	ข้างใน 안 카-ㅇ나이
ข้างใต้ 밑 카-ㅇ따이	ข้าง ๆ 옆 카-ㅇ카-ㅇ

(2) " ว่า 와- " 의 두 가지 의미

① 태국어의 บอก, พูด 버-ㄱ, 푸-ㅅ 과 같이 「말하다」의 의미로 사용한다.

เขาว่าหมอนั้นเป็นคนไม่ดี
카오 와- 머- 난 뻰 콘 마이 디-
그는 그 의사가 좋은 사람이 아니라고 말한다.

② 접속사 ว่า 와- 「...라고, ...인지」의 의미로 사용한다.

เธอคิดว่ารถคันนี้แพงมาก
터- 킷 와- 롯 칸 니- 패-ㅇ 마-ㄱ
그녀는 이 차가 매우 비싸다고 생각한다.

(3) " ได้ 다이 " 의 여러 가지 용법

① ได้ + 동사 : 과거형을 만드는 조동사

คุณแม่ได้ไปตลาด
쿤매- 다이 빠이 딸라-ㅅ
어머니는 시장에 가셨습니다.

ผมได้ซื้อหนังสือ
폼 다이 쓰- 낭쓰-
나는 책을 샀다.

② 본동사로서의 **ได้** : 「얻다, 받다, 가지다」의 의미로 사용한다.

ผมได้หนังสือไทยจากคนไทย

폼 다이 낭쓰- 타이 짜-ㄱ 콘타이

나는 태국인에게서 태국책을 얻었다.

นักกีฬาได้เหรียญทอง
ในการแข่งขันกีฬาเอเชี่ยนเกม

낙끼-ㄹ라- 다이 리얀 터-ㅇ

나이 까-ㄴ캐-ㅇ칸 끼-ㄹ라-에-치얀께-ㅁ

운동선수는 ASEAN 경기에서 금메달은 획득했다.

③ 문미의 **ได้** : 「할 수 있다」의 의미로 사용한다.

ดิฉันว่ายน้ำได้

디찬 와-이 남 다이

나는 수영을 할 수 있다.

คุณพ่อพูดภาษาญี่ปุ่นได้

쿤퍼- 푸-ㅅ 파-싸-이-뿐 다이

아버지는 일본어를 말할 수 있다.

(4) 위치를 나타내는 전치사

บน 위에 본	**ใต้** 아래에 따이
ใน 안에 나이	**นอก** 밖에 너-ㄱ
หน้า 앞에 나-	**หลัง** 뒤에 랑
กลาง 가운데 끌라-ㅇ	**ข้าง** 옆에 카-ㅇ

(5) " **เห็น** 헨 " 과 " **ดู** 두- "

เห็น 헨 은 사물에 대한 목적의식 없이 인식되는 경우에 사용한다.

ผมเห็นเขา 나는 그를 바라본다.
폼 헨 카-오

ดู 두- 는 사물에 대한 목적의식으로 인식하는 경우에 사용한다.

ดิฉันดูโทรทัศน์ 나는 텔레비전을 시청한다.
디찬 두- 토-라탓

핵심 포인트

(6) 횟수 및 정도를 나타내는 부사

มาก 많이 마-ㄱ	**ทีเดียว** 매우, 아주 티-디여우
น้อย 조금 너-이	**นิดหน่อย** 약간, 조금 닛너-이
ไม่น้อย 적지 않게 마이 너-이	**อย่างน้อย** 최소한 야-ㅇ 너-이
พอ 충분히 퍼-	**เกินไป** 지나치게 ...하다 꺼-ㄴ빠이
เสมอ 항상 싸머-	**ประมาณ** 대략, 약 쁘라마-ㄴ
ค่อนข้าง 비교적...한 커-ㄴ카-ㅇ	**บ่อย** 자주, 종종 버-이

เพียงแต่, เท่านั้น 단지...뿐
피양 때- , 타오 난

ไม่ค่อย 그다지, 별로...아니다
마이 커-이

ไม่...นัก 과히...아니다
마이 낙

연습문제

다음 우리말을 태국어로 옮기시오.

(1) 누구 찾아 오셨어요?

(2) 사장님은 안계십니다.

(3) 언제 돌아오시는지 아십니까?

(4) 오후 2시경에 돌아오신다고 말씀하셨어요.

(5) 죄송하지만 장거리전화를 좀 사용할 수 있습니까?

(6) 전화는 탁자 위에 있습니다.

태국문화 알기

부엇 의식 : 한국과 서양의 성년식처럼 태국에는 토착화 된 불교의식으로 발전한 부엇 의식이 있다. 이것은 태국의 남자가 만 20세가 되면 일시적으로 출가하여 수도자가 되는 것을 말한다. 태국에서 최초로 출가한 왕은 쑤코타이왕국의 리타이왕(재위기간: AD 1347-1374년)이며 이후 역대왕들도 출가하였다. 출가의식은 백성들에게 전파되어 그후 하나의 풍습으로 정착하였는데, 현대에는 짧게는 약 1주일정도의 기간을 출가하기도 한다(과거에는 약 3개월). 이는 급변하는 사회 속에서 3개월은 너무 길며, 출가하지 않으면 사회인으로서 인정 받지 못하며 심지어 직장에서 승진할 때도 출가 경험이 있는 사람이 우선 진급대상이 된다. 현 푸미폰 아둔라야뎃 (재위기간 AD 1946-) 국왕도 1956년 보워니웻 사원(Wat Bovornnives)에서 잠시 출가한 경험이 있다.

10 작별

การลา 까-ㄴ라-

A: ดิฉันมาเพื่อบอกลาคุณค่ะ
디찬 마- 프어 버-ㄱ 라- 쿤 카
당신께 작별인사 하러 왔어요.

B: คุณจะไปเมื่อไรครับ
쿤 짜 빠이 므어라이 크랍
(당신)언제 가십니까?

A: พรุ่งนี้ตอนเช้าตรู่เลยค่ะ
프룽니- 떠-ㄴ 차오 뜨루- 러-이 카
내일 새벽입니다.

B: คุณจะไปสายการบินอะไรครับ
쿤 짜 빠이 싸-이까-ㄴ빈 아라이 크랍
무슨 비행기를 타시는데요?

A: จะไปสายการบิน KALค่ะ

짜 빠이 싸-이까-ㄴ빈 카-ㄹ 카

KAL입니다.

B: งั้นคุณจะต้องไปถึงสนามบิน ก่อนเครื่องบินออก 2 ชั่วโมง

응안 쿤 짜 떠-ㅇ 빠이 ㅇ 싸나-ㅁ빈 꺼-ㄴ 크르엉빈

어-ㄱ 써-ㅇ 추워모-ㅇ

그러면 당신은 비행기출발 2시간 전에 공항에 도착해야만 합니다.

A: ใช่ค่ะ

차이 카

네

ดิฉันคงคิดถึงคุณมากค่ะ

디찬 콩 킷틍 쿤 마-ㄱ 카

나는 당신 생각을 많이 할 것입니다.

ไม่อยากไปเลย

마이 야-ㄱ 빠이 러-이

가고 싶지 않아요.

B: ผมก็คิดถึงคุณเช่นกันครับ

폼 꺼 킷틍 쿤 체-ㄴ 깐 크랍

저도 마찬가지로 당신 생각을 할 것입니다.

핵심 포인트

โชคดีนะครับ
촉- 디- 나 크랍
행운을 빕니다.

A: **ขอให้มีความสุขจนกว่าจะพบกันอีกนะคะ**
커- 하이 미- 콰-ㅁ쑥 쫀 꽈- 짜 폽 깐 이-ㄱ 나 카
다시 만날 때까지 행복하세요

B: **ขอบคุณครับ**
커-ㅂ 쿤 크랍
감사합니다.

ขอให้เดินทางโดยปลอดภัย
커- 하이 더-ㄴ타-ㅇ 도이 쁠러-ㅅ파이
안전하게 여행하시길 바랍니다.

단어

ลา 라- **작별하다**
พรุ่งนี้ 프룽니- **내일**
เครื่องบิน 크르엉빈 **비행기**
สนามบิน 싸나-ㅁ빈 **비행장**
คง 콩 **아마도**
อยาก 야-ㄱ **...하고 싶다**
เช่นกัน 체-ㄴ깐 **마찬가지로**
ความสุข 콰-ㅁ쑥 **행복**
พบ 폽 **만나다**
เลย 러-이 부정사 ไม่와 함께 강조 의미
เพื่อ 프어 **...을 위하여**
เช้าตรู่ 차오 뜨루- **새벽**
ต้อง 떠-ㅇ **...해야만 한다**
ชั่วโมง 추워모-ㅇ **시간**
คิดถึง 킷틍 **생각하다, 보고싶다**
หวัง 왕 **소망(희망)하다**
โชคดี 촉디- 행운을 빕니다
จนกว่า 쫀꽈- **...할 때까지**
อีก 이-ㄱ **다시, 또**

(1) " **เลย** 러-이 " 의 용법

①「초과하다 통과하다, 지나다」의 의미로 사용한다.

เลยเวลาแล้ว
러-이 웨-ㄹ라- 래-우
시간이 다 되었습니다.

สูงเลยหัวฉัน
쑤-ㅇ러 -이 후워 찬
내 머리위로 높이 지나다.

② 부정사 **ไม่** 마이 와 함께 동사 뒤에 와서 강조의 의미로 사용한다.

เราไม่รู้ภาษาไทยเลย
라오 마이 루- 파-싸-타이 러-이
우리는 태국어를 전혀 알지 못한다.

บ้านสีฟ้าหลังนั้นไม่สวยเลย
반-ㄴ 씨-화- 랑 난 마이 쑤워이 러-이
그 하늘색 집은 전혀 아름답지 않습니다.

③ 동사 앞에 붙어서 「그래서, 그대로, 계속의」라는 의미로 사용한다.

ผมไปหาเพื่อนแต่ไม่อยู่เลยไปดูหนัง
폼 빠이 하- 프언 때- 마이 유- 러-이 빠이 두- 낭
나는 친구를 찾았지만 없어서 영화를 보러 간다.

핵심 포인트

เขาไม่มาฉันเลยมาคนเดียว
카오 마이 마- 찬 러-이 마- 콘 디여우
그가 오지 않아서 나 혼자 왔다.

(2) 물품, 기구, 건물에 관한 복합동사

① “ **เครื่อง** 크르엉 ” 은 도구, 기계류를 나타낼 때

เครื่องเขียน 문구 크르엉 키얀	**เครื่องครัว** 주방용품 크르엉 크루어
เครื่องมือ 기구 크르엉 므-	**เครื่องกระป๋อง** 통조림 크르엉 끄라뻐-ㅇ
เครื่องชา 차도구 크르엉 차-	**เครื่องจักร** 재봉틀 크르엉 짝
เครื่องสำอาง 화장품 크르엉 쌈아-ㅇ	**เครื่องเดินทาง** 여행도구 크르엉 더-ㄴ타-ㅇ
เครื่องดนตรี 악기 크르엉 돈뜨리-	**เครื่องเรือน** 가구 크르엉 르언

② " **ของ** 커-ㅇ " 은 물품을 나타낼 때

ของใช้ 용구 커-ㅇ차이	**ของจำเป็น** 필수품 커-ㅇ짬뻰
ของขวัญ 선물 커-ㅇ콴	**ของเล่น** 장난감 커-ㅇ레-ㄴ
ของกิน 음식물(식품) 커-ㅇ낀	**ของเก่า** 골동품 커-ㅇ까오
ของปลอม 가짜 물건 커-ㅇ 쁠러-ㅁ	**ของนอก** 외국 물건 커-ㅇ너-ㄱ
ของป่า 토산품 커-ㅇ빠-	**ของหนีภาษี** 밀수품 커-ㅇ니-파-씨-

③ " **โรง** 로-ㅇ " 은 건물, 시설 등을 나타낼 때

โรงเรียน 학교 로-ㅇ리얀	**โรงงาน** 공장 로-ㅇ응아-ㄴ
โรงซ่อม 수리공장 로-ㅇ써-ㅁ	**โรงรถ** 차고 로-ㅇ롯
โรงละคร 극장 로-ㅇ라커-ㄴ	**โรงแรม** 호텔 로-ㅇ래-ㅁ
โรงพิมพ์ 인쇄소 로-ㅇ핌	**โรงเก็บ** 창고 로-ㅇ껩
โรงไฟฟ้า 발전소 로-ㅇ화이화-	**โรงเลี้ยงเด็ก** 고아원 로-ㅇ리양덱

(3) " **ต้อง** 떠-ㅇ "은 당연을 나타내는 조동사

ต้อง, จะต้อง, จำเป็นต้อง, ควร 떠-ㅇ, 짜 떠-ㅇ,짬 뻰 떠-ㅇ, 쿠원 은 「... 해야만 한다」 의 의미이며, 부정문은 이 조동사 앞에 **ไม่** 마이를 놓는다.

คุณต้องอ่านหนังสือทุกวัน
쿤 떠-ㅇ 아-ㄴ 낭쓰- 툭 완

당신은 매일 책을 읽어야만 한다.

คุณไม่ต้องไปที่โน่น
쿤 마이 떠-ㅇ 빠이 티- 논

당신은 저곳에 갈 필요가 없다.

พวกเราจำเป็นต้องไปโรงพยาบาล
푸웍 라오 짬 뻰 떠-ㅇ 빠이 로-ㅇ파야-바-ㄴ

우리모두는 병원에 가야만 한다.

คุณพ่อไม่จำเป็นต้องพบลูกชาย
쿤퍼- 마이 짬 뻰 떠-ㅇ 폽 루-ㄱ차-이

아버지는 아들을 만날 필요가 없다.

ผมควรคุยกับคุณ
폼 쿠원 쿠이 깝 쿤

저는 당신과 의논을 해야 합니다.

เด็กๆไม่ควรสูบบุหรี่
덱 덱 마이 쿠원 쑤-ㅂ 부리-

아이들은 담배를 피워서는 안된다.

(4) " **คง, คงจะ** 콩, 콩짜 "

" **จะ, อาจจะ** 짜, 아-ㅅ짜 " 와 마찬가지로 개연의 뜻을 나타내는 조동사로 「...아마도」의 의미로 사용한다.

เราคงจะดีใจ
라오 콩짜 디-짜이

우리는 아마도 기분이 좋을 것이다.

เขาคงจะเข้าใจผิด
카오 콩짜 카오짜이 핏

그는 아마도 잘못 이해했을 것이다.

(5) 헤어질 때 쓰는 가장 일반적인 인사

" **สวัสดีครับ(ค่ะ)** 싸왓디- 크랍(카) " 이며, 상황에 따라 " **โชคดี** 촉-디- " 또는 " **พบกันใหม่** 폽깐 마이 (다음에 만납시다) " 등의 표현이 있다.

연습문제

다음 우리말을 태국어로 옮기시오.

(1) 당신께 작별 인사하러 왔습니다.

(2) 언제 가십니까?

(3) 모레 오후입니다.

(4) 당신은 비행기 출발 최소한 1시간 30분전에 공항에 도착해야만 합니다.

(5) 나는 당신 생각을 많이 할 것입니다.

(6) 나는 그 책을 읽고 싶지 않습니다.

(7) 다시 만날 때 까지 행복하십시오.

(8) 안전하게 여행하시길 바랍니다.

태국 문화 알기

쑤리요타이 왕비 : 쑤리요타이 왕비는 한국의 유관순, 프랑스의 잔타르크처럼 구국의 전사이다. 그녀는 아유타야왕국의 제15대 마하짝끄라팟왕(재위기간: AD 1548-1568년)의 왕비이며 미얀마(버마)와의 전쟁에서 남장을 하고 미얀마 군대와 맞서 싸움을 하다 전사하였다. 현재 아유타야에 쑤리요타이 왕비의 동상이 있으며 2001년에는 이 왕비의 일생을 영화로 만들어 2001년 부산국제영화제에서 "쑤리요타이" 라는 제목으로 상영되었다.

11 언어

ภาษา 파-싸-

A: คุณคิมพูดภาษาไทยเก่งนะคะ
쿤 킴 푸-ㅅ 파-싸-타이 께-ㅇ 나 카
김선생님은 태국어를 잘 하네요.

B: ขอบคุณครับ
커-ㅂ 쿤 크랍
고맙습니다.

พูดได้นิดหน่อยเท่านั้นเอง
푸-ㅅ 다이 닛너-이 타-오난 에-ㅇ
단지 조금 말할 수 있습니다.

A: พูดคล่องค่ะ
푸-ㅅ 클러-ㅇ 카
유창하네요.

B: พูดได้แต่คำง่ายๆ ครับ

푸-ㅅ 다이 때- 캄 응아이 응아이 크랍

단지 쉬운 단어만 말할 수 있습니다.

A: เขียนได้ไหมคะ

키얀 다이 마이 카

쓸 수 있어요?

B: เขียนไม่ได้ครับ

키얀 마이 다이 크랍

쓸 수는 없습니다.

A: อ่านได้ไหมคะ

아-ㄴ 다이 마이 카

읽을 수 있어요?

B: อ่านได้บางคำครับ

아-ㄴ 다이 바-ㅇ 캄 크랍

어떤 단어는 읽을 수 있습니다.

A: คุณคิมเรียนภาษาไทยกับครูใช่ไหมคะ

쿤 킴 리얀 파-싸-타이 깝 크루- 차이마이 카

김선생님은 선생님과 태국어를 배웠지요?

B: ขอโทษครับ ไม่เข้าใจครับ

커-토-ㅅ 크랍 마이 카오짜이 크랍

미안하지만 이해하지 못했습니다.

핵심 포인트

พูดช้าๆ หน่อยได้ไหมครับ

푸-ㅅ 차- 차- 너-이다이마이 크랍

좀 천천히 말씀해 주시겠습니까?

A: **เรียนภาษาไทยกับครูหรือเรียนด้วยตนเองคะ**

리얀 파-싸-타이 깝 크루- 르- 리얀 두워이 똔에-ㅇ 카

(당신은) 태국어를 선생님과 배웠나요 또는 혼자 배웠나요?

B: **เรียนด้วยตนเองครับ**

리얀 두워이 똔에-ㅇ 크랍

혼자서 배웠습니다.

ยากมากครับ

야-ㄱ 마-ㄱ 크랍

매우 어렵습니다.

A: **เก่งมากค่ะ**

께-ㅇ 마-ㄱ 카

아주 잘 하네요.

단어

ภาษา	파-싸-	언어	ภาษาไทย	파-싸-타이	태국어
เก่ง	께-ㅇ	잘 하다	ขอบคุณ	커-ㅂ 쿤	감사합니다
คล่อง	클러-ㅇ	유창하다	คำ	캄	단어
แต่	때-	…뿐, 단지, 그러나	ง่าย	응아이	쉽다
เขียน	키얀	쓰다	อ่าน	아-ㄴ	읽다

กับ 깝	...와 함께	เข้าใจ 카오짜이 이해하다
ยาก 야-ㄱ	어렵다	
ด้วยตนเอง 두워이 똔에-ㅇ	개인적으로, 자신이	
นะ 나	동사 뒤에 붙어 애원, 동의의 의지를 표하거나 강조하는 첨가어	

(1) " 감사하다 "의 여러 가지 표현법

ขอบคุณ 커-ㅂ 쿤, **ขอบพระคุณ** 커-ㅂ프라 쿤 은 동년배 또는 손위 사람에게 사용하며, **ขอบใจ** 커-ㅂ 짜이 는 동년배 또는 손아랫 사람에게 사용한다.

(2) " **แต่** 때- " 의 용법

① 「그러나」의 의미를 갖는 반의(反意)를 나타내는 접속사

เขาเรียนเก่งแต่ไม่สุภาพ
카오 리얀 께-ㅇ 때- 마이 쑤파-ㅂ

그는 공부는 잘 하지만 예의 바르지 못하다.

เธอร่ำรวยแต่ไม่ซื่อสัตย์
터- 람루어이 때- 마이 쓰-쌋

그녀는 부자이나 정직하지 못하다.

② 「단지...뿐」이라는 수식사

ภรรยาอยู่แต่ในบ้าน
판라야- 유- 때- 나이 반-ㄴ

아내는 집안에만 있다.

เพียงแต่ให้คำแนะนำ
피양 때- 하이 캄 내남

단지 조언해줄 뿐이다.

(3)「할 수 있다」의미의 " ได้ 다이 "와 " เป็น 뻰 "

คุณสมชายกินกิมจิได้
쿤 쏨차-이 낀 낌찌 다이

쏨차이씨는 김치를 먹을 수 있다.

คุณสมชายกินกิมจิเป็น
쿤 쏨차-이 낀 낌찌 뻰

쏨차이씨는 김치를 먹을 수 있다.

น้องชายขับรถไม่ได้
너-ㅇ차-이 캅 롯 마이 다이

남동생은 운전을 할 수 없다 (정황에 의해서).

น้องชายขับรถไม่เป็น
너-ㅇ차-이 캅 롯 마이 뻰

남동생은 운전을 할 능력(자격)이 없다.

연습문제

다음 우리말을 태국어로 옮기시오.

(1) 당신은 중국어를 말할 수 있습니까?

(2) 나는 불어를 좀 할 수 있습니다.

(3) 아버지께서는 일어를 유창하게 말하십니다.

(4) 남편은 태국어를 읽고, 쓰고, 들을 수 있습니다.

(5) 당신은 선생님과 함께 독어를 배웠지요?

(6) 미안하지만 이해하지 못했습니다.

(7) 나는 스스로(혼자) 영어를 배워서 쉬운 단어만 말할 수 있습니다.

태국문화 알기

버스의 승려석 : 버스에는 한국의 경로석과 같이 승려석이 있다. 이 좌석은 승려를 배려한 것으로 만일 그 자리가 비어 앉았다 하더라도 승려가 버스에 오르면 일어나 양보해야 한다. 특히 붐비는 버스 안에서 여성들은 승려의 옷자락에 몸이 닿아서는 안 된다.

12 여행

การเดินทาง 까-ㄴ더-ㄴ타-ㅇ

A: อาทิตย์นี้จะไปไหนหรือคะ
아-팃니- 짜 빠이 나이 르- 카
이번 주말에 어디 가세요?

B: คิดว่าจะไปเชียงใหม่ครับ
킷 와- 짜 빠이 치양마이 크랍
치양마이에 가려고 합니다.

คุณเคยไปไหมครับ
쿤 커-이 빠이 마이 크랍
당신은 가 본적이 있습니까?

A: ไปมกราคมปีที่แล้วค่ะ
빠이 마까라-콤 삐-티-래-우 카
작년 1월에 갔어요.

B: **เป็นอย่างไรบ้างครับ**

뻰 야-ㅇ라이 바-ㅇ 크랍

어떻습니까?

A: **เป็นเมืองใหญ่ที่สุดในภาคเหนือ และ มีภูเขาสวยค่ะ**

뻰 므엉 야이 티-쑷 나이 파-ㄱ 느어
래 미- 푸-카오 쑤워이 카

(치앙마이는) 북부에서 가장 큰 도시이고 아름다운 산이 있어요.

B: **การเดินทางไปอย่างไรครับ**

까-ㄴ던-ㄴ타-ㅇ 빠이 야-ㅇ라이 크랍

어떻게 가는 것이 좋습니까?

A: **ไปรถทัวร์ หรือไปเครื่องบินก็ได้ค่ะ**

빠이 롯투워 르- 빠이 크르엉빈 꺼- 다이 카

관광버스 또는 비행기로도 갈 수 있어요.

B: **ไปอย่างไรดีกว่าครับ**

빠이 야-ㅇ라이 디- 꽈- 크랍

어떻게 가는 것이 더 좋습니까?

A: **ไปเครื่องบินเร็วกว่าค่ะ**

빠이 크르엉빈 레우 꽈- 카

비행기로 가는 것이 더 빨라요.

แต่ไปรถทัวร์ถูกกว่าเครื่องบินค่ะ

때- 빠이 롯투워 투-ㄱ 꽈- 크르엉빈 카

그러나 관광버스로 가는 것은 비행기보다는 값이 더 쌉니다.

핵심 포인트

ค่าเครื่องบิน ประมาณ 1,000 บาทค่ะ
카- 크르엉빈 쁘라마-ㄴ 능판 바-ㅅ 카
비행기 삯은 약 1,000 바트입니다.

B: **ผมคิดว่า มีเงินไม่พอไปเครื่องบินครับ**
폼 킷 와- 미- 응어-ㄴ 마이 퍼- 빠이 크르엉빈 크랍
나는 비행기로 가기에 충분한 돈이 없습니다.

단어

การเดินทาง 까-ㄴ더-ㄴ타-ㅇ **여행**
เชียงใหม่ 치양마이 **치양마이**
มกราคม 목까라-콤 **1월**
ที่สุด 티-쑷 (최상급) **가장, 제일**
ภูเขา 푸-카오 **산**
กว่า 꽈- **(비교급)...보다 더**
ถูก 투-ㄱ **(값이) 싸다**
ประมาณ 쁘라마-ㄴ **대략, 약**
พอ 퍼- **충분한**
อาทิตย์นี้ 아-팃니- **이번 주말**
เคย 커-이 **...한 적이 있다**
ปีที่แล้ว 삐-티-래-우 **작년**
ภาคเหนือ 파-ㄱ느어 **북부**
รถทัวร์ 롯투워 **관광버스**
เร็ว 레우 **빠르다**
ค่า 카- **가격, 가치**
บาท 바-ㅅ **(태국화폐단위) 바트**

(1) "요일"의 단어

วันอาทิตย์ 일요일 완아-팃	**วันจันทร์** 월요일 완짠
วันอังคาร 화요일 완앙카-ㄴ	**วันพุธ** 수요일 완풋
วันพฤหัสบดี 목요일 완프르핫싸버-디-	**วันศุกร์** 금요일 완쑥
วันเสาร์ 토요일 완싸오	**วันหยุด** 휴일 완윳

(2) 형용사의 급

① 원급 " **เหมือน, เท่า, เดียว** 므언, 타오, 디여우 「...같이, 동등하게, 같은」"

ห้องนี้ใหญ่เหมือนกับห้องของคุณ
허-ㅇ 니- 야이 므언 깝 허-ㅇ 커-ㅇ 쿤
이 방은 당신 방만큼 크다.

สองคนนั้นสูงเท่ากัน
써-ㅇ 콘 난 쑤-ㅇ 타오 깐
그 두 사람은 키가 같다.

ผมจะเดินไปทางเดียวกับคุณ
폼 짜 더-ㄴ 빠이 타-ㅇ 디여우 깝 쿤
나는 당신과 같은 길로 걸을 것이다.

② 비교급 " **กว่า, ยิ่งกว่า** 꽈-, 잉 꽈-「...보다, 이상으로」"

อันนี้และอันนั้นอันไหนจะถูกกว่ากัน
안니- 래 안난 안 나이 짜 투-ㄱ 꽈- 깐
이것과 그것 중 어느것이 더 쌉니까?

น่าประหลาดยิ่งกว่า
나- 쁘라라-ㅅ 잉 꽈-
더 이상스러운

③ 최상급 " **ที่สุด, ที่เดียว, เต็มที่** 티-쑷, 티- 디여우, 뗌티-「최고의, 정말로, 전력을 다해서」"

ลึกที่สุดในมหาสมุทรแปฟิก
륵 티-쑷 나이 마하-싸뭇 빼씨흭
태평양에서 제일 깊은

ช้างเป็นสัตว์ตัวโตที่สุดในบรรดาสัตว์สี่เท้า
차-ㅇ 뻰 쌋 뚜워 또- 티-쑷 나이 바-ㄴ다-쌋 씨- 타오
코끼리는 모든 네발 짐승중에서 가장 큰 동물이다.

รถแล่นด้วยความเร็วเต็มที่

롯 래-ㄴ 두워이 콰-ㅁ레우 뗌티-

자동차가 최대속도로 달린다.

연습문제

다음 우리말을 태국어로 옮기시오.

(1) 이번 화요일에 어디 가십니까?

(2) 나는 방콕에 간 적이 있습니다.

(3) 요즈음 어떠십니까?

(4) 부산은 남부에서 가장 큰 도시이고 바다가 있습니다.

(5) 어디로 가는 것이 더 좋을까요?

(6) 기차로 가는 것이 관광버스로 가는 것 보다 더 안전하고 가격도 쌉니다.

(7) 나는 영화 보러 갈 돈이 충분히 있습니다.

13 선물

ของขวัญ 커-ㅇ관

A: **นี่ของขวัญให้คุณค่ะ**

니- 커-ㅇ콴 하이 쿤 카

이것은 당신에게 주는 선물이어요.

B: **ขอบพระคุณมากครับ**

커-ㅂ 프라 쿤 마-ㄱ 크랍

매우 감사합니다.

คุณใจดีมาก

쿤 짜이 디- 마-ㄱ

당신은 참 친절하십니다.

นี่อะไรครับ

니- 아라이 크랍

이것은 무엇입니까?

A: ไม่บอก
마이 버-ㄱ
말하지 않겠어요

เปิดดูซิคะ
뻐-ㅅ 두- 씨 카
열어 보세요

B: รูปนี้สวยจังเลยครับ
루-ㅂ 니- 쑤워이 짱 러-이 크랍
이 그림 정말로 아름답습니다.

A: ชอบไหมคะ
처-ㅂ 마이 카
맘에 들어요?

B: ชอบครับ นี่รูปอะไรครับ
처-ㅂ 크랍 니- 루-ㅂ 아라이 크랍
좋아요 이 그림은 무엇입니까?

A: รูปวัดพระแก้วค่ะ
루-ㅂ 왓 프라깨-우 카
에메랄드 사원 그림이에요

B: คุณซื้อรูปนี้เมื่อไรครับ
쿤 쓰- 루-ㅂ 니- 므어라이 크랍
당신은 언제 이 그림을 샀나요?

핵심 포인트

A: **ซื้ออาทิตย์ที่แล้ว**
쓰- 아-팃 티-래-우
지난 주에 샀어요

สุขสันต์วันเกิดค่ะ
쑥싼 완껏-ㅅ 카
생일을 축하해요

B: **ขอบพระคุณมากครับ**
커-ㅂ 프라 쿤 마-ㄱ 크랍
매우 감사합니다.

ของขวัญนั้นน่ารักจังเลยครับ
커-ㅇ콴 난 나-락 짱 러-이 크랍
그 선물은 매우 사랑스럽습니다.

단어

ของขวัญ	커-ㅇ콴	**선물**	นี้	니-	**지시형용사(이)**
ให้	하이	**주다**	ใจดี	짜이디-	**친절하다**
เปิด	뻐-ㅅ	**열다**	เปิดดู	뻐-ㅅ두-	**열어보다**
รูป	루-ㅂ	**그림, 사진**	จัง	짱	**정말로, 매우**
ชอบ	처-ㅂ	**좋아하다**	ซื้อ	쓰-	**사다**
สุข	쑥	**행복하다**	วันเกิด	완꺼-ㅅ	**생일**
วัดพระแก้ว	왓 프라깨-우	**에메랄드 사원**			
อาทิตย์ที่แล้ว	아-팃 티-래-우	**지난 주**			
สุขสันต์วันเกิด	쑥싼 완꺼-ㅅ	**생일을 축하하다**			

(1) " ให้ 하이 " 의 여러 가지 용법

① 본동사 「주다」의 의미

เพื่อนให้ของขวัญแก่ดิฉัน
프언 하이 커-ㅇ콴 깨- 디찬

친구는 나에게 선물을 주었다.

คุณพ่อให้เงินแก่ลูก
쿤퍼- 하이 응언 깨- 루-ㄱ

아버지는 자식에게 돈을 주었다.

② 부동사 「...에게(...해주다)」의 의미

เรื่องนี้ผมจะจัดการให้
르엉 니- 폼 짜 짯까-ㄴ 하이

이 일은 내가 처리할 것이다.

ผมจะจ่ายเงินให้
폼 짜 짜-이 응언 하이

내가 돈을 지불하겠다.

③ 사역동사 「...하게 하다」의 의미

ตำรวจไม่ให้เขาไป
땀루웟 마이 하이 카오 빠이

경찰이 그를 못 가게 한다.

핵심 포인트

(2) " ใจ 짜이 " 와 결합한 형용사

ใจดี 친절하다(착하다) 짜이디-	เสียใจ 상심(후회)하다 씨야짜이
ใจร้อน 성급하다 짜이러-ㄴ	ใจเย็น 냉정(침착)하다 짜이옌
ใจเบา 쉽게 믿다 짜이바오	ใจหนัก 확고하다 짜이낙
ใจกว้าง 마음이 넓다 짜이꽈-ㅇ	ใจแคบ 도량이 좁다 짜이캐-ㅂ
ใจดำ 이기적이다 짜이담	ใจบุญ 자비심이 있다 짜이분
ใจร้าย 잔인하다 짜이라-이	ใจเดียว 마음이 변치 않다 짜이디여우

연습문제

다음 우리말을 태국어로 옮기시오

(1) 이것은 당신에게 주는 선물입니다.

(2) 당신은 정말로 친절합니다.

(3) 창문 좀 닫아 주십시오.

(4) 당신은 무슨 과일을 좋아하십니까?

(5) 당신의 어머니는 언제 파란색의 가방을 사셨습니까?

(6) 지난 달에 샀습니다.

태국문화 알기

태국의 결혼 풍습 : 태국은 전통적으로 신랑이 신부집으로 들어와 장인장모와 함께 사는 일종의 데릴사위제도이다. 이를 태국어로는 '위아하몽콘' 이라고 하며 신부집에서 결혼식을 치른다. 결혼 의식은 오전에 승려를 초빙하여 독경을 외우고 법수를 뿌리고 삼귀의문과 오계를 염송하는 등 불교의식을 먼저 행한다. 그리고 그날 저녁에 신랑신부는 하객들과 함께 피로연을 갖는다.

14 백화점에서

ที่ห้างสรรพสินค้า 티-하-ㅇ쌉파씬카-

A: เชิญค่ะ

처-ㄴ 카

어서 오세요

ต้องการอะไรคะ

떠-ㅇ까-ㄴ 아라이 카

무얼 원하세요?

B: (ผม)ต้องการซื้อผ้าไหมไทยฝากภรรยาครับ

(폼) 떠-ㅇ까-ㄴ 쓰- 파-마이 타이 화-ㄱ 판라야- 크랍

(저는) 아내에게 선물할 타이실크를 사고 싶습니다.

A: ต้องการสีอะไรคะ

떠-ㅇ까-ㄴ 씨- 아라이 카

어떤 색을 원하세요?

B: ผมไม่ค่อยมีความรู้เกี่ยวกับผ้าไหมไทยครับ
폼 마이 커-이 미- 콰-ㅁ루- 끼여우 깝 파-마이 타이 크랍
저는 타이실크에 대해서 잘 모릅니다.

ช่วยเลือกของดีๆ หน่อยครับ
추워이 르억 커-ㅇ 디-디- 너-이 크랍
좋은 것으로 골라 주십시오.

A: ผ้าสีเขียวโน้นเป็นอย่างไรคะ
파- 씨-키여우 노-ㄴ 뻰 야-ㅇ라이 카
저 초록색 천 어떠세요?

B: ขายอย่างไรครับ
카-이 야-ㅇ라이 크랍
어떻게 팝니까?

A: เมตรละ 150 บาทค่ะ
메-ㅅ 라 능러-이 하-씹 바-ㅅ 카
미터당 150 바트입니다.

B: แพงเกินไปนะ
패-ㅇ 꺼-ㄴ 빠이 나
너무 비싸네요.

ขอดูของถูกกว่านี้หน่อยได้ไหมครับ
커- 두- 커-ㅇ 투-ㄱ 꽈- 니- 너-이다이마이 크랍
이보다 싼 것 좀 보여주시겠습니까?

핵심 포인트

A: **งั้นผ้าสีแดงนี้เป็นอย่างไรคะ**

응안 파- 씨-대-ㅇ 니- 뻰 야-ㅇ라이 카

그러면 이 빨간색 천은 어떠세요?

เมตรละ 120 บาทค่ะ

메-ㅅ 라 능러-이 이-씹 바-ㅅ 카

미터당 120 바트입니다.

B: **ขอ 10 เมตรครับ**

커- 씹 메-ㅅ 크랍

10 미터 주세요.

A: **ห่อด้วยไหมคะ**

허- 두워이 마이 카

포장해 드릴까요?

B: **ครับ**

크랍

네

단어

ต้องการ 떠-ㅇ까-ㄴ **원하다**
สี 씨- **색**
เกี่ยวกับ 끼여우깝 **...에 관하여**
เลือก 르억 **선택하다**
ขาย 카-이 **팔다**
สีแดง 씨-대-ㅇ **빨간 색**
ห้างสรรพสินค้า 하-ㅇ쌉파-씬카- **백화점**
ผ้าไหมไทย 파-마이 타이 **타이실크**
ฝาก 화-ㄱ **선물하다, 주다**
ความรู้ 콰-ㅁ루- **지식**
ช่วย 추워이 **돕다**
สีเขียว 씨-키여우 **초록 색**
เมตร 메-ㅅ **(단위)미터**
ห่อ 허- **포장하다**

(1) 상점원이 고객을 맞이할 때 사용하는 여러 가지 표현

มีอะไรให้ช่วยคะ
미- 아라이 하이 추워이 카
무엇을 도와드릴까요?

(คุณ) ต้องการอะไรคะ
(쿤) 떠-ㅇ까-ㄴ 아라이 카
무엇을 원합니까?

(คุณ) จะซื้ออะไรคะ
(쿤) 짜 쓰- 아라이 카
무엇을 사시겠습니까?

핵심 포인트

(2) 고객이 가격 흥정할 때 사용하는 표현

นี่เท่าไรครับ

니- 타오라이 크랍

이것은 얼마입니까?

แพงเกินไปครับ

패-ㅇ 꺼-ㄴ 빠이 크랍

너무 비싸요

ขอลดหน่อยครับ

커- 롯 너-이 크랍

좀 깍아 주세요

ขอถูกกว่านี้อีกหน่อยครับ

커- 투-ㄱ 꽈-니- 이-ㄱ 너-이 크랍

좀 더 싸게 해 주세요

ทำไมแพงอย่างนี้

탐마이 패-ㅇ 야-ㅇ 니-

왜 이렇게 비쌉니까?

(3) "색"

สี 색 씨-	**สีดำ** 검정색 씨-담
สีแดง 빨강색 씨-대-ㅇ	**สีขาว** 흰색 씨-카-우
สีส้ม 주황색 씨-쏨	**สีชมพู** 분홍색 씨-춈푸-
สีเหลือง 노란색 씨-르엉	**สีฟ้า** 하늘색 씨-화-
สีเขียว 초록색 씨-키여우	**สีน้ำเงิน** 파란색 씨-남응언
สีม่วง 보라색 씨-무엉	**สีน้ำตาล** 갈색 씨-남따-ㄴ
สีเทา 회색 씨-타오	**สีทอง** 황금색 씨-터-ㅇ

연습문제

다음 우리말을 태국어로 옮기시오.

(1) 안으로 들어오세요.

(2) 무엇을 사시겠습니까?

(3) 아들에게 줄 장난감을 사고 싶습니다.

(4) 나는 태국 특산품에 대해 잘 모릅니다.

(5) 왜 이렇게 비쌉니까?

(6) 나는 갈색의 열쇠고리 7개를 사고 싶습니다.

태국문화 알기

타이 고산족 : 태국에는 타이족(75%) 이외의 무슬림, 중국인, 고산족을 비롯하여 몬족, 크메르족, 라오족, 말레이족, 인도인 등이 살고 있다. 타이의 고산족은 무써(Mussur), 매우(Meo, Hmong), 리써(Lisu), 이꺼(Akha), 까리양(Karen), 야오(Yao)등 약 20개 종족에 인구 40-50만 정도로 추정된다. 이들은 태국과 국경을 접한 미얀마와 라오스의 산간지대에 살거나 태국북부 또는 동북의 고산지대에 살고 있다. 이들은 자신들의 고유언어와 생활양식, 그리고 문화를 고수하고 있으며, 원칙적으로 순수한 혈통을 지키기 위해 같은 종족끼리만 결혼한다. 이들은 화전민생활을 하며 민속공예품을 만들어 치앙마이(태국의 제2도시, 북부지역)에서 자신들이 필요한 물건을 교환하거나 또는 사며 자급자족의 경제생활을 유지한다.

행운의 색 옷입기 : 태국인들은 수세기 동안 전해내려 온 관습과 힌두 신화의 믿음에 의해 요일에 따라 행운과 길조를 가져다 주는 옷 입기를 좋아한다. 일요일 빨간색, 월요일 노란색, 화요일 핑크색, 수요일 초록색, 목요일 오렌지색, 금요일 파란색, 토요일에는 보라색 또는 검정색이다. 그러나 랏따나꼬씬 왕국의 라마 4세 몽꿋(재위기간: AD 1851-1868년)왕은 종교와 관련된 중요한 날에는 빨간색 옷을 입도록 명하였다.

15 은행에서

ที่ธนาคาร 티- 타나-카-ㄴ

A: สวัสดีค่ะ

싸왓디- 카

안녕하세요

ขอแลกเงินดอลล่าร์เป็นเงินไทยค่ะ

커- 래-ㄱ 응어-ㄴ 더-ㄴ라- 뻰 응어-ㄴ 타이 카

미국달러를 태국돈으로 환전해 주세요

B: คุณจะแลกเท่าไรครับ

쿤 짜 래-ㄱ 타오라이 크랍

얼마를 바꾸시려 합니까?

A: 800 ดอลล่าร์ค่ะ

빼-ㅅ러-이 더-ㄴ라- 카

800 달러 입니다.

B: คุณจะเอาแบงค์อะไรครับ
쿤 짜 아오 배-ㅇ 아라이 크랍

어떤(무슨) 지폐로 하시겠어요?

A: ขอแบงค์ร้อยบาทและแบงค์ห้าร้อยบาทค่ะ
커- 배-ㅇ 러-이 바-ㅅ 래 배-ㅇ 하-러-이 바-ㅅ 카

100 바트와 500 바트 지폐로 주세요.

B: กรุณารอสักครู่ครับ
까루나- 러- 싹 크루- 크랍

잠깐만 기다리세요.

นี่ครับ ค่าธรรมเนียม 40 บาทครับ
니- 크랍   카-탐니얌 씨-씹 바-ㅅ 크랍

여기 있어요. 수수료가 40 바트입니다.

A: ขอบคุณค่ะ
커-ㅂ 쿤 카

감사합니다.

단어

แลก 래-ㄱ **바꾸다, 교환하다**
แลกเงิน 래-ㄱ 응어-ㄴ **돈을 바꾸다**

핵심 포인트

ดอลล่าร์ 더-ㄴ라-	**달러**	แบงค์ 배-ㅇ	**은행(권), 지폐**
ร้อย 러-이	**백, 100**	รอ 러-	**기다리다**
สัก 싹	**...만큼, 정도**	สักครู่ 싹 크루-	**잠시동안**
ค่าธรรมเนียม 카탐니얌	**수수료**		
กรุณา 까루나-	**무엇을 요구할 때 정중하게 표현 하는 말**		

(1) " **เป็น** 뻰 " 이 「...을...으로(써),...으로」의 의미로 사용하는 경우

ผมอยากจะเปลี่ยนกระเป๋าใบนี้เป็นกระเป๋าใบโน้น

폼 야-ㄱ 짜 쁠리얀 끄라빠오 바이 니-
뻰 끄라빠오 바이 노-ㄴ

나는 이 가방을 저 가방으로 바꾸고 싶습니다.

จงแปลประโยคต่อไปนี้เป็นภาษาเกาหลี

쫑 쁠래- 쁘라요-ㄱ 떠- 빠이 니- 뻰 파-싸- 까오리-

다음 문장을 한국어로 번역하시오.

(2) 태국의 화폐종류

지폐로는 10 **บาท** 씹 바-ㅅ, 20 **บาท** 이-씹 바-ㅅ, 50 **บาท** 하-씹 바-ㅅ, 100 **บาท** 능러-이 바-ㅅ, 500 **บาท** 하러-이 바-ㅅ, 그리고 1,000 **บาท** 능판 바-ㅅ 짜리가 있다. 주화로는 1 **บาท** 능바-ㅅ, 5 **บาท** 하-바-ㅅ, 10

บาท 씹 바-ㅅ 짜리가 있다. 이 외에도 25 สตางค์ 이-씹하- 싸따-ㅇ과 50 สตางค์ 하-씹 싸따-ㅇ 은 주로 버스요금이나 슈퍼마켓에서 사용되고 있다.

연습문제

다음 우리말을 태국어로 옮기시오.

(1) 태국돈을 한국돈으로 환전해 주세요.

(2) 얼마나 바꾸시겠습니까?

(3) 만원권과 천원권 지폐로 주세요.

(4) 잠깐만 기다리세요.

(5) 여기있어요. 수수료가 오천원입니다.

태국문화 알기

태국 사원 : 사원의 역할 중에서 가장 중요한 것은 만 6-7세의 남자가 사원에서 태국국민의 기본 생활철학과 불교교리를 배우는 교육의 장소이다. 이 외에도 사원에는 고승이 계시므로 그 마을의 대소사를 의논하는 장소이기도 하며, 가정의 문제나 주민들 사이의 불화를 중재하거나 처리해주는 곳이다. 또한 근대화된 병원시설이 없었던 시절에는 스님이 민간요법에 바탕을 두고 환자의 질병을 치료해주는 병원이기도 하다. 뿐만 아니라 먼 거리를 지나가는 객에게 잠자리를 제공하는 곳이기도 하다.

16 병원에서

ที่โรงพยาบาล 티- 로-ㅇ파야-바-ㄴ

A: **คุณเป็นอะไรคะ**
쿤 뻰 아라이 카

어디가 아픕니까?

B: **ผมไม่สบายเป็นไข้ครับ**
폼 마이 싸바-이 뻰 카이 크랍

저는 열이 있어 몸이 안 좋아요.

A: **คุณเป็นกี่วันแล้วคะ**
쿤 뻰 끼- 완 래-우 카

며칠이나 됐습니까?

B: **2 วันแล้วครับ**
써-ㅇ 완 래-우 크랍

2일 됐습니다.

A: คุณมีอาการอย่างไรบ้างคะ
쿤 미- 아-까-ㄴ 야-ㅇ라이 바-ㅇ 카

상태는 어떠한지요?

B: ผม ปวดหัว ตัวร้อน ไอ และเจ็บคอครับ
폼 뿌웟 후워 뚜워러-ㄴ 아이 래 쩹커- 크랍

저는 두통, 발열, 기침 그리고 목이 아픕니다

A: คุณตากฝนหรือเปล่า
쿤 따-ㄱ 혼 르- 쁠라오

당신은 비를 맞지 않았습니까?

B: ใช่ครับ ผมตากฝน เมื่อ 3 วันก่อนครับ
차이 크랍 폼 따-ㄱ 혼 므어 싸-ㅁ 완 꺼-ㄴ 크랍

네. 저는 3일전에 비를 맞았습니다.

A: คุณต้องทานยา และอย่าใช้เสียงมากนะคะ
쿤 떠-ㅇ 타-ㄴ야- 래 야- 차이 씨양 마-ㄱ 나카

당신은 약을 먹어야 하고 소리를 많이 쓰지 마세요.

ต้องดื่มน้ำมากๆ ด้วย
떠-ㅇ 드-ㅁ남 마-ㄱ 마-ㄱ 두워이

또한 물을 많이 드셔야 합니다.

B: ขอบคุณครับ คุณหมอ
커-ㅂ 쿤 크랍 쿤머-

고맙습니다, 의사선생님.

단어

โรงพยาบาล	로-ㅇ파야-바-ㄴ	**병원**	ไข้	카이	**질병, 열**
อาการ	아-까-ㄴ	**상태**	ปวดหัว	뿌웟후워	**두통**
ตัวร้อน	뚜워러-ㄴ	**열이 나다**	ไอ	아이	**기침하다**
เจ็บคอ	쩹커-	**목이 아프다**	ยา	야-	**약**
ตากฝน	따-ㄱ 혼	**비를 맞다(젖다)**	ทาน	타-ㄴ	**먹다**
เสียง	씨양	**소리**	ดื่ม	드-ㅁ	**마시다**
ดื่มน้ำ	드-ㅁ남	**물을 마시다**	หมอ	머-	**의사**

(1) 진찰의사가 환자에게 하는 여러 가지 표현

เป็นอะไรครับ
뻰 아라이 크랍

어디가 아프십니까?

ไม่สบายตรงไหนครับ
마이 싸바-이 뜨롱 나이 크랍

어디가 불편하십니까?

อย่าขยับนะครับ
야- 카얍 나 크랍

움직이지 마세요

มีความรู้สึกอย่างนี้มานานเท่าไร

미- 콰-ㅁ루-쓱 야-ㅇ니- 마- 나-ㄴ 타오라이

이런 느낌이 얼마나 오래 됐습니까?

ขอวัดความดัน(ความร้อน)หน่อย

커- 왓 콰-ㅁ단(콰-ㅁ러-ㄴ) 너-이

혈압(체온)을 재세요

ถอดเสื้อออกนะครับ

터-ㅅ 쓰어 어-ㄱ 나 크랍

상의를 벗으세요

อ้าปากหน่อย

아- 빠-ㄱ 너-이

입을 벌리세요

สูดลมหายใจลึกๆ หน่อย

쑤-ㅅ 롬하-이짜이 륵 륵 너-이

숨을 깊이 들이 쉬세요

ต้องฉีดยาเดี๋ยวนี้เลย

떠-ㅇ 치-ㅅ야- 디여우니- 러-이

지금 주사를 맞아야 합니다.

มีโรคประจำตัวหรือเปล่าครับ

미- 로-ㄱ 쁘라짬뚜워 르- 쁠라오 크랍

지병이 있습니까? 또는 그렇지 않습니까?

ควรพักผ่อนสักสองสามวัน
쿠원 팍퍼-ㄴ 싹 써-ㅇ 싸-ㅁ 완

2-3일정도 쉬어야 합니다.

พรุ่งนี้มาอีกนะคะ
프룽니- 마- 이-ㄱ 나 카

내일 다시 오세요.

(2) 환자가 의사에게 하는 여러가지 표현

ผม(ดิฉัน)ไม่สบาย
폼 (디찬) 마이 싸바-이

제 몸이 안 좋습니다.

อยากจะให้ตรวจโรคครับ
야-ㄱ 짜 하이 뜨루웟 로-ㄱ 크랍

진찰 좀 받고 싶습니다.

ช่วยเรียกคุณหมอให้หน่อยครับ
추워이 리약 쿤머- 하이 너-이 크랍

의사 좀 불러 주세요.

เจ็บตรงนี้มาก
쩹 뜨롱니- 마-ㄱ

여기가 많이 아파요.

หายใจลำบาก
하-이짜이 람바-ㄱ
호흡이 곤란해요

ปวดท้องมาตั้งแต่เมื่อคืนนี้
뿌웟터-ㅇ 마- 땅때- 므어크-ㄴ니-
어젯밤부터 저녁부터 배가 아파요

(3) “ **แล้ว** 래-우 ”의 용법

① 과거 완료형의 조동사

ฝนหายตกแล้ว
혼 하-이 똑 래-우
비가 멈추었다.

สายเสียแล้ว
싸-이 씨야 래-우
이미 늦었다.

② 형용사 뒤에 오면 관용구가 된다.

พอแล้ว
퍼- 래-우
됐다.

ดีแล้ว
디- 래-우
좋다.

핵심 포인트

(4) 신체 용어

หัว 머리 후워	ผม 머리카락 폼
หน้า 얼굴 나-	ตา 눈 따-
หู 귀 후-	คอ 목 커-
ปาก 입 빠-ㄱ	จมูก 코 짜무-ㄱ
แขน 팔 캐-ㄴ	ขา 다리 카-
มือ 손 므-	เท้า 발 타오
หัวใจ 심장 후워짜이	ผิวหนัง 피부 피우낭
ท้อง 배 터-ㅇ	นิ้วมือ 손가락 니우므-
เข่า 무릎 카오	เอว 허리 에-우

คิ้ว 눈썹 키우	**ฟัน** 이 환
ลิ้น 혀 린	**แก้ม** 뺨 깨-ㅁ
คาง 턱 카-ㅇ	**ไหล่** 어깨 라이
หลัง 등 랑	**หน้าอก** 가슴 나-옥

(5) 금지 명령 조동사

อย่า 야-, **ห้าม** 하-ㅁ 은 금지 명령에 쓰이는 조동사로써 동사 앞에 온다.

อย่าเสียเวลา
야- 씨야 웨-ㄹ라-
시간을 낭비하지 마라.

ห้ามเข้ามาห้องนี้
하-ㅁ 카오 마- 허-ㅇ 니-
이 방에 들어오지 마시오.

연습문제

다음 우리말을 태국어로 옮기시오

(1) 어디가 불편하십니까?

(2) 며칠이나 됐습니까?

(3) 저는 어젯밤부터 두통과 설사를 했어요.

(4) 나는 2일전에 비를 흠뻑 맞았어요.

(5) 당신은 약을 먹고 주사를 맞고 3일간 쉬어야 합니다.

태국문화 알기

태국의 國技(무워이 타이) : 무워이 타이는 태국의 대표적인 스포츠로 발, 손, 팔꿈치, 무릎 등을 사용하여 상대방을 쓰러뜨리는 태국식 권투이다. 이 운동은 아유타야 왕국부터 시작된 것으로 경기를 하기 전에 의식용 음악과 무용이 수반된다. 이것은 자신을 지도한 스승에 대한 존경과 감사를 표하고, 일종의 정령숭배로서 시합에 앞서 강한 정신과 승리를 기원하는 것이다. 무워이 타이 경기는 3-5 라운드로 진행되며 라운드와 라운드 사이에 2분간 휴식이 있다. 태국인이 가장 즐기는 운동경기 중 하나이다.

17 우체국에서

ที่ไปรษณีย์ 티- 쁘라이싸니-

A: **ขอโทษค่ะ ที่นี่ไปรษณีย์ใช่ไหมคะ**

커-토-ㅅ 카 티-니- 쁘라이싸니- 차이마이 카

죄송하지만 여기가 우체국 맞습니까?

B: **ใช่ครับ**

차이 크랍

네

A: **ดิฉันต้องการส่งจดหมายไปกรุงโซล ต้องติดแสตมป์เท่าไรคะ**

디찬 떠-ㅇ까-ㄴ 쏭 쫏마-이 빠이 끄룽쏘-ㄴ

떠-ㅇ 띳 싸때-ㅁ 타오라이 카

저는 서울에 편지 부치고 싶은데 우표 값이 얼마입니까?

B: แล้วแต่น้ำหนักครับ

래-우때- 남낙 크랍

무게에 따라 다릅니다.

จะส่งแบบไปรษณีย์ด่วนพิเศษหรือแบบธรรมดาครับ

짜 쏭 배-ㅂ-쁘라이싸니- 두원 피쎄-ㅅ
르- 배-ㅂ-탐마다- 크랍

국제특급우편입니까? 또는 일반 우편입니까?

A: ไปรษณีย์ด่วนพิเศษ ราคาเท่าไรคะ

쁘라이싸니- 두원 피쎄-ㅅ 라-카-타오라이 카

국제특급우편 입니다 . 얼마입니까.

B: ประมาณ 450 บาท ครับ

쁘라마-ㄴ 씨-러-이 하-씹 바-ㅅ 크랍

약 450 바트 입니다.

A: แล้วแบบธรรมดาล่ะคะ

래-우 배-ㅂ탐마다 라 카

그러면 일반우편은요?

B: ประมาณ 25 บาทครับ

쁘라마-ㄴ 이-씹하- 바-ㅅ크랍

약 25 바트입니다.

A: งั้นส่งแบบธรรมดาดีกว่าค่ะ ถูกดี นี่ค่ะ 25 บาท
응안 쏭 배-ㅂ탐마다- 디- 꽈- 카 툭-디- 니-카 이-씹하- 바-ㅅ
그렇다면 일반우편으로 보내는 것이 더 좋아요. 아주 싸네요. 여기 25 바트입니다.

B: ได้ครับ รอสักครู่ครับ ผมจะออกใบเสร็จให้ครับ
다이 크랍 러-싹크루-크랍 폼짜 어-ㄱ 바이쎗 하이 크랍
예. 잠깐만 기다리세요. 영수증 드릴게요.

A: ขอบคุณค่ะ
커-ㅂ 쿤 카
감사합니다.

B: ไม่เป็นไรครับ
마이뻰라이 크랍
천만에요.

단어

ส่ง 쏭 **보내다**
จดหมาย 쫏마-이 **편지**
กรุงโซล 끄룽쏜 **서울**
แสตมป์ 싸때-ㅁ **우표**
ไปรษณีย์ด่วนพิเศษ 쁘라이싸니- 두원피쎗 **국제특급우편**
ธรรมดา 탐마다- **보통, 일반의**
น้ำหนัก 남낙 **무게**
ติด 띳 **붙이다**
แล้วแต่ 래-우때- **...따라서**

핵심 포인트

(1) 부동사

① " ไป 빠이 "

เข้าไปซิ
카오 빠이 씨
안으로 들어갑시다.

ผมพาแฟนไปดูหนัง
폼 파- 후ㅐ-ㄴ 빠이 두- 낭
나는 애인을 데리고 영화구경 간다.

ขึ้นไป
큰 빠이
올라가다.

② " มา 마- "

อย่าวิ่งเข้ามา
야- 윙 카오 마-
뛰어 들어오지 마라.

เอาน้ำแข็งเปล่ามาแก้วหนึ่ง
아오 남캥쁠라오 마- 깨-우 능
얼음물 한 잔 가져와요.

ปากกาที่ผมยืมมาเมื่อวานนี้
빠-ㄱ까- 티- 폼 염- 마- 므어와-ㄴ니-
내가 어제 빌려온 만년필

③ " **ขึ้น** 큰 "

น้ำหนักมากขึ้นทุกเดือน
남낙 마-ㄱ 큰 툭드언
매달 몸무게가 증가했다.

เธอแต่งหน้าแล้วสวยขึ้น
터- 때-ㅇ나- 래-우 쑤워이 큰
그녀는 화장을 하면 더 아름답다.

คุณยกหินก้อนนี้ขึ้นได้ไหม
쿤 욕 힌 꺼-ㄴ 니- 큰 다이 마이
당신은 이 돌을 들어올릴 수 있습니까?

④ " **ลง** 롱 "

เชิญนั่งลงซิ
처-ㄴ 낭 롱 씨
앉으세요.

พลเมืองน้อยลง
폰라므엉 너-이 롱
인구가 감소했다.

อากาศเย็นลงทุกวัน
아-까-ㅅ 옌 롱 툭 완
날씨가 매일 추워진다.

⑤ " ไว้ 와이 "

เก็บยาไว้
겝 야- 와이
약을 모아두다.

แม่กอดลูกไว้
매- 꺼-ㅅ 루-ㄱ 와이
어머니는 자식을 껴안았다.

จงสังเกตไว้ให้ดี
쫑 쌍께-ㅅ 와이 하이 디-
잘 살펴 보시오

⑥ " เสีย 씨야 "

เขาตายเสียแล้ว
카오 따-이 씨야 래-우
그가 죽었다.

ผมกินผลไม้เสียแล้ว
폼 낀 폰라마이 씨야 래-우
나는 과일을 먹었다.

จงทิ้งไปเสีย
쫑 팅 빠이 씨야
내 버리세요

(2) " พิเศษ 피쎄-ㅅ「특별한」"

ข่าวพิเศษวันนี้เป็นข่าวอะไรครับ

카-우 피쎄-ㅅ 완니- 뻰 카-우 아라이 크랍

오늘의 특별뉴스는 무엇입니까?

ในร้านนี้มีอาหารพิเศษอะไร

나이 라-ㄴ 니- 미- 아-하-ㄴ 피쎄-ㅅ 아라이

이 가게의 특별음식은 무엇입니까?

연습문제

다음 우리말을 태국어로 옮기시오

(1) 죄송하지만 여기가 우체국 맞습니까?

(2) 저는 방콕에 국제특급우편으로 편지를 보내고 싶은데 우표값이 얼마입니까?

(3) 무게에 따라 다릅니다.

18 버스 정류장에서

ที่ป้ายรถเมล์ 티- 빠-이롯메-

A: **ขอโทษค่ะ รถเมล์สายนี้ไปไหนคะ**
커-토-ㅅ 카 롯 메- 싸-이 니- 빠이 나이 카
실례하지만 이 버스 어디 갑니까?

B: **ไปสยามสแควร์ครับ**
빠이 싸야-ㅁ 싸쾌- 크랍
싸암광장에 갑니다.

คุณจะไปไหนครับ
쿤 짜 빠이 나이 크랍
당신은 어디 가십니까?

A: **ดิฉันจะไปบางรักค่ะ**
디찬 짜 빠이 바-ㅇ락 카
나는 방락에 갑니다.

คุณช่วยบอกทางดิฉันหน่อยได้ไหม
쿤 추워이 버-ㄱ 타-ㅇ 디찬 너-이다이마이

저에게 길 좀 말해 주시겠습니까?

B: ได้ครับ
다이 크랍

네

คุณจะไปรถเมล์หรือครับ
쿤 짜 빠이 롯메- 르- 크랍

당신은 버스로 갈 것입니까?

A: ค่ะ ดิฉันอยากจะไปรถเมล์
카 디찬 야-ㄱ 짜 빠이 롯메-

네 나는 버스로 가고 싶어요

B: ไปรถเมล์สาย ๑๕ ได้ครับ
빠이 롯메- 싸이 씹하- 다이 크랍

15번 버스를 타세요

A: ไปขึ้นรถที่ไหนคะ
빠이 큰 롯 티-나이 카

어디서 탑니까?

B: ขึ้นที่นี่ครับ
큰 티-니- 크랍

이곳에서 타세요.

핵심 포인트

A: ถ้าดิฉันจะไปแท็กซี่แพงไหมคะ

타- 디찬 짜 빠이 택씨- 패-ㅇ 마이 카

만일 택시로 가면 비쌉니까?

B: แพงครับ

패-ㅇ 크랍

비쌉니다.

A: งั้นดิฉันไปรถเมล์ดีกว่า

응안 디찬 빠이 롯메- 디- 꽈-

그렇다면 저는 버스로 가는 것이 더 좋겠군요.

ขอบคุณค่ะ

커-ㅂ 쿤 카

감사합니다.

B: ไม่เป็นไรครับ

마이뻰라이 크랍

천만에요.

단어

รถเมล์	롯메-	**버스**	สาย	싸-이	**노선**
บางรัก	바-ㅇ락	**방락(지명)**	ทาง	타-ㅇ	**길, 도로**
ขึ้น	큰	**(버스에) 타다**	แท็กซี่	택씨-	**택시**

แพง 패-ㅇ **비싸다** **ไม่เป็นไร** 마이 뻰 라이 **괜찮다**
ป้าย 빠-이 **(버스) 정류장의 표시판**
สยามสแควร์ 싸 야-ㅁ -싸쾌- **싸얌광장(지명)**
เถอะ 터 **(문미에 사용하여) 부탁(권유)하다 등을 나타낸다.**
อยาก (จะ) 야-ㄱ (짜) **원하다, 갈망하다**

(1) 교통에 관한 단어

รถ 차 롯	รถไฟ 기차 롯화이
รถยนต์ 자동차 롯욘	รถเก๋ง 승용차 롯께-ㅇ
รถเมล์ 버스 롯메-	รถปรับอากาศ 냉방차 롯쁘랍아-까-ㅅ
รถทัวร์ 관광버스 롯투워	รถดับเพลิง 소방차 롯답플러-ㅇ
รถแท็กซี่ 택시 롯택씨-	รถเช่า 렌트카 롯차오
รถบรรทุก 트럭 롯반툭	รถพยาบาล 구급차 롯파야-바-ㄴ
รถจักรยาน 자전거 롯짝끄라야-ㄴ	รถจักรยานยนต์ 오토바이 롯짝끄라야-ㄴ욘

(2) " **อยาก(จะ)** 야-ㄱ (짜) "

อยาก(จะ) 야-ㄱ (짜)는 「...을 원한다, ...을 하고 싶다」의 의미를 나타내며 **ต้องการ(จะ)** 떠-ㅇ까-ㄴ (짜)도 「희망, 소원의 의미」를 가진 조동사이다. **อยาก** 야-ㄱ, **ต้องการ** 떠-ㅇ까-ㄴ 에 대한 부정은 부정사 **ไม่** 마이 를, **อยาก** 야-ㄱ, **ต้องการ** 떠-ㅇ까-ㄴ 앞에 놓으면 된다.

คุณอยากจะทานอาหารไทยไหม
쿤 야-ㄱ 짜 타-ㄴ 아-하-ㄴ타이 마이
당신은 태국음식을 먹고 싶습니까?

ครับ ผมอยากทาน
크랍 폼 야-ㄱ 타-ㄴ
네. 저는 먹고 싶습니다.

ดิฉันต้องการน้ำส้ม
디찬 떠-ㅇ까-ㄴ 남쏨
나는 오렌지 쥬스를 원합니다.

ดิฉันไม่ต้องการน้ำส้ม
디찬 마이 떠-ㅇ까-ㄴ 남쏨
나는 오렌지 쥬스를 원하지 않습니다.

คุณอยากไปประเทศไทยไหมครับ
쿤 야-ㄱ 빠이 쁘라테-ㅅ 타이 마이 크랍
당신은 태국에 가고 싶습니까?

(긍정)

ครับ ผมอยากไป
크랍 폼 야-ㄱ 빠이
네. 나는 가고 싶어요.

(부정)

เปล่าครับ ผมไม่อยากไปครับ
쁠라오크랍 폼 마이 야-ㄱ 빠이 크랍
아니오. 나는 가고 싶지 않습니다.

연습문제

다음 우리말을 태국어로 옮기시오.

(1) 실례하지만 이 버스는 어디 갑니까?

(2) 저에게 길 좀 말해주시겠습니까?

(3) 당신은 택시로 방락에 갈 것입니까?

(4) 어디서 51번 버스를 탑니까?

(5) 저쪽에서 타세요.

(6) 만일 BTS로 가면 비쌉니까?

(7) 그렇다면 나는 BTS로 가는 것보다 버스로 가는 것이 더 좋겠습니다.

태국문화 알기

태국의 고전 악기 : 타이족은 한국인과 마찬가지로 노래 부르기를 좋아한다. 쑤코타이왕국 비문에 태국인들이 노래를 즐겨부르고 악기를 연주했다는 기록이 있다. 고대의 태국 북부는 중국문화, 남부는 인도문화가 도입됨으로써 이 두 문화의 영향을 받았음에도 악기는 태국식의 고전악기가 만들어졌다. 태국의 고전악기는 사원의 벽화나 문헌에 많이 묘사되어 있으며 대표적인 것은 라낫(실로폰), 컹웡(타악기), 짜케(현악기), 핀낭따오(현악기) 등이 있다.

꼰쭉 의식 : 태국에서는 태어난 지 1개월이 되면 꼰폼파이 의식을 치른다. 이 의식은 일종의 통과의례로 태어날 때부터 갖고 있던 머리카락을 잘라내는 의식이다. 자른 이후부터 길러온 머리카락(몽고족의 머리형태)을 11세-13세에 이르면 성숙하게 되었다고 보고 자르는데 이것을 꼰쭉 의식이라고 한다.

19 미장원에서

ที่ร้านเสริมสวย 티- 라-싸- ㅁ쑤워이

A: แถวนี้ มีร้านเสริมสวยดีๆ ไหมคะ
태-우 니- 미- 라-ㄴ 써-ㅁ쑤워이 디디 마이 카
이 근처에 좋은 미장원 있나요?

B: มีครับ อยู่ที่หน้าบ้านผม
미- 크랍 유- 티- 나- 바-ㄴ 폼
나의 집 앞에 있습니다.

A: ค่าตัดผมที่นั่นแพงไหมคะ
카-땃폼 티-난 패-ㅇ 마이 카
그곳 커트비는 비싼가요?

B: ผมคิดว่าไม่แพงหรอกครับ ๓๐๐ บาทเท่านั้น
폼 킷와- 마이 패-ㅇ 러-ㄱ 크랍 싸-ㅁ러-이 바-ㅅ 타오난
300 바트로 내 생각에는 비싸지 않습니다.

A: ที่ร้านมีทำสีผมไหมคะ

티- 라-ㄴ 미- 탐씨-폼 마이 카

미장원에서 머리 염색을 하나요?

B: ถ้าทำสีผม ประมาณ 600บาท รวมทั้งค่าสระไดร์ด้วยครับ

타- 탐씨-폼 쁘라마-ㄴ 혹 러-이 바-ㅅ 루웜탕
카-싸다이 두워이 크랍

만일 머리 염색 한다면 드라이비 포함하여 약 600 바트입니다.

A: ถูกมากทีเดียวค่ะ

투-ㄱ 마-ㄱ 티-디여우 카

정말 싸네요.

งั้นดิฉันจะไปตัดและทำสีผมที่นั่น วันนี้

응안 디찬 짜 빠이 땃 래 탐씨-폼 티-난 완니-

그렇다면 오늘 나는 그곳에서 커트와 머리 염색을 할께요.

B: ผมจะไปกับคุณครับ

폼 짜 빠이 깝 쿤 크랍

나도 함께 가겠습니다.

A: ขอบคุณค่ะ

커-ㅂ 쿤 카

감사해요.

단어

ร้านเสริมสวย 라-ㄴ써-ㅁ쑤워이 **미장원**
ร้าน 라-ㄴ **가게**
ตัด 땃 **자르다**
ผม 폼 **머리**
แถวนี้ 태-우니- **이 근처**
หน้า 나- **...앞에**
ค่าตัดผม 카-땃폼 **커트비**
ที่นั่น 티-난 **그곳**
คิด 킷 **생각(사고) 하다**
คิดว่า 킷와- **...라고 생각하다**
ไม่...หรอก 마이 러-ㄱ **전혀...아니다**
เท่านั้น 타오난 **단지...뿐**
ช่าง 차-ㅇ **기술자, 기사**
ช่างเสริมสวย 차-ㅇ써-ㅁ쑤워이 **미용사**
ทำสีผม 탐씨-폼 **염색하다**
ด้วย 두워이 **...도 함께, 또한**
ทราบ 싸-ㅂ **알다**
รวมทั้ง 루웜탕 **...을 포함하다**
ถูก 투-ㄱ **싸다**
ทีเดียว 티-디여우 **정말로**

(1) 사람의 직업이나 신분에 관한 복합명사

① **ช่าง** 차-ㅇ: 기술직업인

ช่างไม้ 목수 차-ㅇ마이	ช่างเสริมสวย 미용사 차-ㅇ써-ㅁ쑤워이
ช่างตัดเสื้อ 재단사 차-ㅇ땃쓰어	ช่างเหล็ก 대장장이 차-ㅇ렉

핵심 포인트

ช่างถ่ายรูป 사진사 차-ㅇ타-이 루-ㅂ	ช่างซ่อม 수리공 차-ㅇ써-ㅁ
ช่างแกะ 조각사 차-ㅇ깨	ช่างเย็บ 재봉사 차-ㅇ엡
ช่างเสริมสวย 미용사 차-ㅇ써-ㅁ쑤워이	ช่างซ่อมรถ 자동차수리공 차-ㅇ써-ㅁ롯

② **นัก** : 직업의 전문가

นักกฎหมาย 법률가 낙꼿마-이	นักร้อง 가수(성악가) 낙러-ㅇ
นักการทูต 외교관 낙까-ㄴ투-ㅅ	นักการเมือง 정치가 낙까-ㄴ므엉
นักกีฬา 운동선수 낙끼-ㄹ라-	นักบุญ 자선가 낙분
นักดนตรี 음악가 낙돈뜨리-	นักเทศน์ 전도사(설법자) 낙테-ㅅ
นักธุรกิจ 사업가 낙투라낏	นักศึกษา 대학생 낙쓱싸-
นักหนังสือพิมพ์ 신문기자 낙낭쓰-핌	นักแปล 번역가 낙쁠래-

③ **คน** 콘, **ผู้** 푸-, **ชาว** 차-우 : 사람, 민족

คนเกาหลี 한국사람 콘까-오리-	**ผู้ใหญ่** 어른 푸-야이
ชาวนา 농민 차-우나-	**ชาวเขา** 고산족 차-우카오

(2) " **รวม** 루웜 " 과 " **ร่วม** 루웜 " 의 의미

① **รวม** 루웜 은 「...합하다, 집합하다」의 의미

รวมกันเราอยู่ แยกกันเราตาย
루웜 깐 라오 유- 애-ㄱ 깐 라오 따-이

우리가 뭉치면 살고 흩어지면 죽는다.

② **ร่วม** 루웜 은 「참여하다」의 의미

ร่วมทุกข์ร่วมสุข
루웜 툭 루웜 쑥

동고동락하다.

(3) 접속사

① " ทั้ง 탕 A และ 래 B " 는 「A와 B 모두」의 의미

ดิฉันเคยไปทั้งซานฟรานซิสโก
และกรุงเทพฯ
디찬 커-이 빠이 탕 싸-ㄴ흐라-ㄴ씻쓰꼬
래 꾸룽테-ㅂ

나는 샌프란시스코와 방콕 두 군데 다 가보았다.

② " หรือ 르- " 는 「또는」의 의미

คุณเคยกินอาหารไทยหรือยัง
쿤 커-이 낀 아-하-ㄴ타이 르- 양

당신은 태국음식을 먹어본적이 있나요 또는 아직입니까?

③ " ไม่ว่า 마이와- " 는 「막론하고」의 의미

ถ้าทำผิดก็ต้องจับกุมทันทีไม่ว่าใครทั้งนั้น
타- 탐핏 꺼 떠-ㅇ 짭꿈 탄티- 마이와- 크라이 탕난

누구든지 막론하고 잘못하면 즉시 체포해야만 한다.

④ " แม้ 매-, แม้ว่า 매-와- " 는「비록 ...일지라도」의 의미

แม้คุณพ่อจะรวย เขาก็ไม่ให้ใครยืมเงิน
매- 쿤퍼- 짜 루워이 카오 꺼 마이 하이 크라이 염-응어-ㄴ

비록 아버지가 부유하다 할지라도 그는 아무에게나 돈을 빌려주지 않는다.

แม้ว่าเขาเป็นคนจน แต่เขายินดีทำทาน
매-와- 카오 뻰 콘쫀 때- 카오 인디- 탐타-ㄴ

그가 비록 가난할 지라도 그는 즐겨 보시한다.

⑤ " **เพราะ ... จึง** 프러 쯩, **เพราะว่า** 프러와- " 는「왜냐

하면, …때문에」의 의미

น้ำท่วมเพราะฝนตกมาก
남투엄 프러 혼 똑 마-ㄱ

비가 많이 왔기 때문에 홍수가 났다.

เพราะว่าคุณแม่ทำครัว
프러와- 쿤매- 탐크루워

คุณพ่อจึงอ่านหนังสือพิมพ์ได้
쿤퍼- 쯩 아-ㄴ 낭쓰-핌 다이

어머니가 부엌일을 하기 때문에 아버지가 신문을 읽을 수 있다.

연습문제

다음 우리말을 태국어로 옮기시오.

(1) 이 근처에 좋은 미장원이 있습니까?

(2) 있습니다. 저 학교 뒤에 있습니다.

(3) 이 미장원에서 염색은 얼마입니까?

(4) 샴푸 포함하여 250바트입니다.

(5) 정말 싸네요

(6) 그렇다면 내일 나는 그 미장원에 갈 것입니다.

태국문화 알기

음식공양 : 태국인들의 새벽은 승려에게 음식공양으로부터 시작한다. 새벽에 탁발나온 승려에게 음식공양을 바칠 때에는 남녀불문하고 모두 맨발로 땅 위에 서서 음식을 시주한 다음에 승려에게 '와이' 를 해 고마움을 표시하고 승려가 떠난 뒤에 신을 신는다. 승려를 초대해 음식을 대접할 경우에는 정오 전에 식사를 마치도록 준비한다. 이는 태국의 승려들은 아침과 정오전의 점심으로 1일 2식하기 때문이다. 12시 이후부터 다음 날 새벽까지 물은 마실 수 있으나 다른 음료수는 안 된다.

20 쏭끄란 행사

งานสงกรานต์ 응아-ㄴ 쏭끄라-ㄴ

A: สงกรานต์คืออะไรคะ

쏭끄라-ㄴ 크- 아라이 카

쏭끄란이 무엇입니까?

B: วันขึ้นปีใหม่ของไทยครับ

완큰삐-마이 커-ㅇ 타이 크랍

ตรงกับวันที่ 13 เมษายน

뜨롱깝 완 티- 씹싸-ㅁ 메-싸-욘

태국의 새해로 4월 13일에 해당됩니다.

A: งานสงกรานต์มีอะไรน่าดูหรือคะ

응아-ㄴ 쏭끄라-ㄴ 미- 아라이 나- 두- 르- 카

쏭끄란 행사에는 볼만한 것이 무엇입니까?

B: มีหลายอย่างครับ

미- 라-이 야-ㅇ 크랍

여러 가지가 있습니다.

핵심 포인트

เช่น ทำบุญ ปล่อยนก ปล่อยปลา เล่นสาดน้ำ
체-ㄴ 탐분 쁠러-이 녹 쁠러-이 쁠라- 레-ㄴ싸-ㅅ남
예를 들면 공양, 새와 물고기 방생, 물끼얹기

ประกวดนางงามสงกรานต์
쁘라꾸웟나-ㅇ응아-ㅁ쏭끄라-ㄴ
쏭끄란 미인대회,

รดน้ำดำหัวผู้ใหญ่ เป็นต้นครับ
롯남담후워푸-야이 뻰 똔 크랍
축복의 물뿌리기 등이 있습니다.

A: คุณพาไปดูทุกอย่างได้ไหมคะ
쿤 파- 빠이두- 툭 야-ㅇ 다이 마이 카
당신은 모두 구경하도록 안내할 수 있어요?

B: ได้ครับ
다이 크랍
네

นอกจากนั้นยังไปทานขันโตกและดูระบำชาวเขาด้วย
너-ㄱ짜-ㄱ난 양 빠이 타-ㄴ 칸또-ㄱ 래 두- 라밤 차-우카오 두워이
그 외에도 깐똑식사와 고산족의 무용도 관람합니다.

A: ดิฉันอยากจะไปดูงานสงกรานต์เร็วๆ
디찬 야-ㄱ 짜 빠이두- 응아-ㄴ 쏭끄라-ㄴ 레우 레우
나는 빨리 쏭끄란 행사를 보러가고 싶어요

เราจะพบเมื่อไรดีคะ
라오 짜 폽 므어라이 디- 카

(우리) 언제 만나는 것이 좋을까요?

B: **งั้น พรุ่งนี้ 2 โมงเช้า พบที่สถานีหัวลำโพง**
응안 푸룽니- 써-ㅇ모-ㅇ 차오 폽 티- 싸타-니-후워람포-ㅇ

그러면 내일 아침 8시 후어람퐁역에서 만나요

A: **ตกลงค่ะ**
똑롱 카

알겠어요

단어

สงกรานต์	쏭끄라-ㄴ	**태국의 설날**	คือ	크-	**...이다**
วันขึ้นปีใหม่	완큰삐-마이	**새해**	ตรงกับ	뜨롱깝	**...일치하다**
หลาย	라-이	**많은**	อย่าง	야-ㅇ	**종류, ...처럼**
ทำบุญ	탐분	**공덕을 쌓다**	ปล่อย	쁠러-이	**방면(방생)하다**
นก	녹	**새**	ประกวด	쁘라꾸웟	**경합(경쟁)하다**
นาง	나-ㅇ	**(접두어)여성을 의미**	งาม	응아-ㅁ	**아름답다**
รด	롯	**(물을) 뿌리다**	รดน้ำ	롯남	**물을 뿌리다**
ระบำ	라밤	**무용, 춤**	ดำ	담	**(물에) 잠그다**
เล่นสาดน้ำ	레-ㄴ싸-ㅅ남	**물끼얹기**	พา	파-	**동반하다**
พาไป	파-빠이	**데리고 가다**	ชาวเขา	차-우카오	**고산족**

핵심 포인트

นอกจากนั้น 너-ㄱ짜-ㄱ난 **그 외에**
ประกวดนางงาม 쁘라꾸웟나-ㅇ응아-ㅁ **미인대회**
รดน้ำดำหัว 롯남 담후워 **(각종의식에서) 머리위에 물을 뿌리다**
ขันโตก 칸또-ㄱ **태국 북부의 전통음식**

(1) 태국의 주요 명절

태국의 주요 명절행사는 대부분 불교와 농사짓기, 그리고 역대왕을 추모하는 것과 관련되어 있다.

วันมาฆบูชา
완마-카부-차-

완마카부차(만불절) 태국력 3월 보름

วันสงกรานต์
완쏭끄라-ㄴ

완쏭끄란(새해) 4월 13일 – 15일

วันวิสาขบูชา
완위싸-카부-차-

완위싸카부차(석가 탄신일) 태국력 6월 보름

วันพืชมงคล
완프-ㅅ차몽콘

몽콘(풍작기원행사) 5월 초

วันฉัตรมงคล
완찻뜨라몽콘

완찻뜨라몽콘(푸미폰국왕즉위기념일) 5월 5일

วันเข้าพรรษา
완카오판싸-

완카오판싸(스님 입안거) 태국력 8월 16- 11월 15일

วันออกพรรษา
완어-ㄱ판싸-

완억판싸(스님 출안거) 태국력 11월 보름 (우기 끝난 첫날)

งานลอยกระทง
응아-ㄴ 러-이끄라통

응안 러이끄라통(등을 물에 뛰우는 축제) 태국력 12월 보름

(2) " **ตรง** 뜨롱 "

① **ตรงกัน** 뜨롱깐 「...일치하다, 부합하다」의 의미

ความเห็นของเราตรงกัน
콰-ㅁ헨 커-ㅇ 라오 뜨롱깐

우리들의 견해는 일치한다.

② **ตรงกันข้าม** 뜨롱깐카-ㅁ「서로 대립(반대) 되다」의 의미

มีความหมายตรงกันข้าม
미- 콰-ㅁ마-이 뜨롱깐카-ㅁ

의견이 상반되다.

③ **ตรงกับ** 뜨롱깝 「...이 된다」의 의미

วันที่สามเดือนนี้ตรงกับวันจันทร์
완 티- 싸-ㅁ 드언 니- 뜨롱깝 완짠

이 달 3일은 월요일이다.

(3) " **นอกจาก** 너-ㄱ짜-ㄱ "

นอกจาก 너-ㄱ짜-ㄱ「…이외에」의 의미

นอกจากนี้ยังมีอีกไหม
너-ㄱ짜-ㄱ니- 양 미- 이-ㄱ 마이

이외에 더 있습니까?

นอกจากคุณไม่มีใครรู้จัก
너-ㄱ짜-ㄱ 쿤 마이 미- 크라이 루-짝

당신이외에 아는 사람은 아무도 없다.

연습문제

다음 우리말을 태국어로 옮기시오.

(1) 쏭끄란이 무엇입니까?

(2) 태국의 설날입니다.

(3) 쏭끄란 행사에는 볼만한 것이 무엇있습니까?

(4) 여러 가지 있습니다. 예를 들면 쏭끄란 미인대회, 새와 물고기 방생, 축복의 물뿌리기, 공양 등이 있습니다.

(5) 이 외에도 무엇이 또(더) 있습니까?

(6) 칸똑식사와 고산족 무용이 있습니다.

(7) 내일 나는 쏭끄란행사보러 치앙마이에 갈 것입니다.

(8) 그러면 아침 일찍 9시 던므엉공항에서 만나요.

태국문화 알기

러이끄라통 행사 : 쑤코타이왕국부터 전해 내려오는 태국인에게 가장 즐거운 세시명절중의 하나로 태국력 음력 12월 보름밤에 개최된다. '러이' 는 '물에 띄운다' 라는 뜻이며 '끄라통' 은 '음식물이나 공양물을 담기 위해 바나나 잎이나 나무줄기 등으로 접어 만든 용기' 라는 의미이다. 이 날에는 끄라통 안에 음식, 빈랑나무 열매, 꽃, 동전, 그리고 불 붙인 양초와 선향을 담아 자신의 소원을 빌어 강이나 운하에 띄워 보내는 행사를 한다.

21 취미

งานอดิเรก 응아-ㄴ 아디레-ㄱ

A: **ขอโทษค่ะ เวลาว่างคุณมักจะทำอะไรคะ**

커-토-ㅅ 카 웨-ㄹ라- 와-ㅇ 쿤 막 짜 탐 아라이 카

실례합니다. 여가시간에 당신은 무엇을 해요?

B: **แล้วแต่โอกาสครับ**

래-우 때- 오- 까-ㅅ 크랍

상황에 따라 달라요.

บางทีก็อ่านหนังสือ หรือไม่ก็ไปดูหนัง

바-ㅇ티- 꺼 아-ㄴ 낭쓰- 르- 마이 꺼 빠이 두-낭

책을 읽거나 그렇지 않으면 영화를 보러 가요.

A: **คุณมีงานอดิเรกประจำไหมคะ**

쿤 미- 응아-ㄴ 아디레-ㄱ 쁘라짬 마이 카

당신은 취미생활이 있어요?

B: มีครับ ผมไปออกกำลังกาย หลังเลิกงานทุกวัน
미- 크랍 폼 빠이 어-ㄱ 깜랑까-이 랑 러-ㄱ 응아-ㄴ 툭 완
있어요. 나는 일을 마치고 매일 운동가요.

แล้วคุณทำอะไรครับ
래-우 쿤 탐 아라이 크랍
당신은 뭘 해요?

A: ถ้ามีเวลานิดหน่อย ดิฉันชอบฟังเพลง
타- 미- 웨-ㄹ라- 닛 너-이 디찬 처-ㅂ 황 플레-ㅇ
만약 시간이 조금 있으면 노래를 들어요.

แต่ที่ทำประจำคือ เล่นปิงปองกับเพื่อน ๆ ค่ะ
때- 티- 탐 쁘라짬 크- 레-ㄴ 삥빠-ㅇ 깝 프언 프언 카
하지만 취미는 친구와 탁구를 치는 거예요.

B: หรือครับ
르- 크랍
그래요?

คุณชอบออกกำลังกายเหมือนผมเลย
쿤 처-ㅂ 어-ㄱ 깜랑 까-이 므언 폼 러-이
당신도 나처럼 운동을 좋아하네요.

A: วันเสาร์นี้ คุณทำอะไรหรือเปล่าคะ
완 싸오 니- 쿤 탐 아라이 르- 쁠라오 카
이번 토요일에 당신은 뭐 해요?

B: ไม่ได้ทำอะไรครับ

마이 다이 탐 아라이 크랍

아무것도 안해요.

A: ถ้าอย่างนั้น ไปเล่นปิงปองกับดิฉันไหมคะ

타-야-ㅇ난 빠이 레-ㄴ 삥뻐-ㅇ 깝 디찬 마이 카

그러면 나와 함께 탁구치러 갈래요?

B: ได้ครับ ไปเล่นที่ไหน

다이 크랍 빠이 레-ㄴ 티- 나이

예. 어디서 하지요?

A: ที่โรงยิมมหาวิทยาลัยของดิฉัน

티-로-ㅇ임 마하-윗타야-라이 커-ㅇ 디찬

우리대학 체육관에서요.

ดิฉันจะมารับคุณที่บ้าน 10 โมงเช้าค่ะ

디찬 짜 마-랍 쿤 티- 바-ㄴ 씹 모-ㅇ 차오 카

내가 아침 10시에 당신 집으로 데리러 올께요.

B: ไม่เป็นไรครับ ผมไปเองได้

마이 뻰 라이 크랍 폼 빠이 에-ㅇ 다이

괜찮아요. 내가 갈수 있어요.

แล้วพบกัน 10 โมงเช้าที่โรงยิมครับ

래-우 폽 깐 씹 모-ㅇ 차오 티- 로-ㅇ임 크랍

그러면 아침 10시 학교 체육관에서 만나요.

단어

งานอดิเรก 응아-ㄴ아디레-ㄱ **취미**	แล้วแต่ 래-우 때- **~에 달려있다**
โอกาส 오-까-ㅅ **기회**	บางที 바-ㅇ티- **어떤 때(어느 때)**
ออกกำลังกาย 어-ㄱ깜랑까-이 **운동하다**	ฟังเพลง 황 플레-ㅇ **노래듣다**
ถ้าอย่างนั้น 타야-ㅇ난 **그러면**	เล่นปิงปอง 레-ㄴ삥빠-ㅇ **탁구치다**
โรงยิม 로-ㅇ임 **체육관**	มารับ 마-랍 **맞이하러 오다**

(1) 취미에 관한 단어

① เล่น 연주하다(운동하다)

เล่นเปียโน 피아노치다 레-ㄴ 삐야노-	เล่นกีตาร์ 기타 치다 레-ㄴ 끼-따-
เล่นกลอง 드럼치다 레-ㄴ 끌러-ㅇ	เล่นตนตรีไทย 태국전통악기연주하다 레-ㄴ 돈뜨리-타이
เล่นเทนนิส 테니스치다 레-ㄴ 테-ㄴ닛	เล่นแบดมินตัน 베드민턴치다 레-ㄴ 배-ㅅ 민 딴
เล่นฟุตบอล 축구하다 레-ㄴ 풋 버-ㄴ	เล่นบาสเก็ทบอล 농구하다 레-ㄴ 밧쓰껫버-ㄴ

เล่นเกมคอมพิวเตอร์ 컴퓨터게임하다 레-ㄴ 께-ㅁ 커-ㅁ피우떠-	เล่นอินเทอร์เน็ต 인터넷하다 레-ㄴ 인터-넷
* ว่ายน้ำ 와-이남 수영하다	

② **สะสม** 수집하다

สะสมแสตมป์ 우표수집하다 싸쏨 싸때-ㅁ	สะสมเหรียญกษาปณ์ 동전수집하다 싸쏨 리얀 까싸-ㅂ
สะสมของเก่า 골동품수집하다 싸쏨 커-ㅇ까오	สะสมธนบัตร 화폐수집하다 싸쏨 타나밧

(2) 접속사

접속사는 앞의 말이나 문장을 이어 받아서 뒤에 오는 말이나 문장을 연결해주는 관계이다.

① **ถ้า** 타-, **หากว่า** 하-ㄱ 와- 「만약....하면, ...한다면」

พรุ่งนี้ถ้าคุณจะมาเยี่ยมผม ผมจะไม่ออกไป

프룽니- 타- 쿤 짜 마 이얌 폼 폼 짜 마이 어-ㄱ 빠이

만일 당신이 내일 나를 방문한다면, 나는 외출하지 않겠습니다.

หากผมเป็นคุณ ผมจะกล้าทำ

하-ㄱ 폼 뻰 쿤 폼 짜- 끌라- 탐

만일 내가 너라면 단호히 하겠다.

② **พอ** 퍼- 「.....하자마자」

พออาจารย์ออกไป พวกเขาก็เล่นอินเทอร์เน็ต

퍼- 아-짜-ㄴ 어-ㄱ 빠이 푸억 카오 꺼 레-ㄴ 인터-넷

교수가 나가자마자 그들도 인터넷을 했다

พอรู้ว่าเขาสอบได้ เขารีบส่ง E-mail บอกพ่อแม่ทันที

퍼-루-와- 카오 써-ㅂ 다이 카오 리-ㅂ 쏭 이- 멜 버-ㄱ 퍼-매- 탄티-

그는 시험에 합격한 것을 알자마자 그는 즉시 부모님께 알리려고 e-mail을 보냈다.

③ **แต่** 때- **แต่ว่า** 때-와- 「그러나, ...이지만」

ผมอยากจะไปเรียนที่ฝรั่งเศส
แต่ว่าค่าครองชีพสูงเหลือเกิน

폼 야-ㄱ 짜 빠이 리얀 티- 화랑쎄-ㅅ

때-와- 카- 크러-ㅇ 치-ㅂ 쑤-ㅇ 르어 꺼-ㄴ

나는 프랑스에 공부하러 가고 싶지만 생활비가 너무 비싸다

핵심 포인트

ปากเขาร้ายมาก แต่ใจเขาดี

빠-ㄱ 카오 라-이 마-ㄱ 때- 짜이 카오 디-

그의 입은 대단히 험하지만 마음은 좋다.

연습문제

다음 우리말을 태국어로 옮기시오

(1) 실례합니다 여가시간에 당신은 무엇을 해요?

(2) 나는 일을 마치고 매일 운동을 해요.

(3) 만일 시간이 있으면 노래를 들어요.

(4) 나의 취미는 친구와 탁구를 치는 겁니다.

(5) 이번 토요일에 당신은 뭐 합니까?

(6) 아무것도 안해요.

(7) 내가 아침 10시에 집으로 당신을 데리러 갈께요.

(8) 괜찮아요 내가 갈 수 있어요.

22 영화관에서

ที่โรงหนัง 티- 로- ㅇ 낭

A: **ขอโทษค่ะ มาช้าไปหน่อย**

커-토-ㅅ 카 　　마- 차- 빠이 너-이

미안해요. 좀 늦었어요

B: **ไม่เป็นไรครับ หนังรอบเช้ายังไม่เลิก**

마이 뻰 라이 크랍 　　낭 러-ㅂ 차오 양 마이 러-ㄱ

괜찮아요. 아침상영 영화가 아직 안 끝났어요.

A: **รอบที่เราจะดู ฉายกี่โมงคะ**

러-ㅂ티- 라오 짜 두- 　차-이 끼- 모-ㅇ 카

우리가 볼 영화는 몇 시에요?

B: **ฉายเที่ยงตรง ตอนนี้เพิ่ง 11 โมงครึ่งครับ**

차-이 티양 뜨롱 　　떠-ㄴ 니 퍼-ㅇ 씹엣 모-ㅇ 크릉 크랍

12시에요. 　　이제 막 11시 반이에요.

핵심 포인트

A: คุณมาดูหนังบ่อยไหมคะ

쿤 마- 두- 낭 버-이 마이 카

당신은 영화 자주 봐요?

B: มาบ่อย ๆ ครับ เวลาว่างผมชอบดูหนัง

마- 버-이 버-이 크랍 웨-ㄹ라- 와-ㅇ 폼 처-ㅂ 두- 낭

자주 와요. 한가할 때 영화 보는 것을 좋아해요.

คุณชอบดูหนังไหมครับ

쿤 처-ㅂ 두- 낭 마이 크랍

당신도 영화 보는 것 좋아해요?

A: เป็นบางโอกาสค่ะ

뻰 바-ㅇ 오-까-ㅅ 카

가끔요.

ถ้ามีหนังดี ก็จะชวนเพื่อนมาดู

타- 미- 낭 디- 꺼 짜 추원 프언 마- 두-

만약 영화가 좋으면 친구와 함께 봐요.

B: คุณชอบดูหนังประเภทไหนครับ

쿤 처-ㅂ 두- 낭 쁘라페-ㅅ 나이 크랍

당신은 어떤 장르의 영화를 좋아해요?

A: ดิฉันชอบดูหนังชีวิตค่ะ

디찬 처-ㅂ 두- 낭 치-윗 카

저는 멜로드라마(가족)영화를 좋아해요.

ดูแล้วได้ข้อคิดหลายอย่าง

두- 래-우 다이 커- 킷 라-이 야-ㅇ

본 후에 여러 생각을 할 수 있어요

B: ผมชอบดูหนังเพลงและหนังตลกครับ

폼 처-ㅂ 두- 낭플레-ㅇ 래 낭딸록 크랍

저는 음악영화와 코미디 영화를 좋아해요

ดูสนุก ๆ แล้ว คลายเครียดดี

두- 싸눅 싸눅 래-우 클라-이 크리얏 디-

재미있고 스트레스가 해소되어요

A: นั่น.....รอบเช้าเลิกแล้วค่ะ

난.... 러-ㅂ차오 러-ㄱ 래-우 카

그래요.. 아침상영 영화 끝났어요

B: ไปครับ เราเข้าได้แล้ว

빠이 크랍 라오 카오 다이 래-우

가요 우리 들어가요

단어

หนังรอบเช้า 낭러-ㅂ차오 **아침(상영)영화**	รอบ 러-ㅂ **주기,회**
ฉาย 차-이 **(영화를)상영하다**	ชวน 추원 **권유하다**
หนังชีวิต 낭치-윗 **가족영화**	ข้อคิด 커-킷 **사고(견해)**
หลายอย่าง 라-이야-ㅇ **여러 종류**	หนังตลก 낭딸록 **희극영화**
คลาย 클라-이 **완화하다**	เครียด 크리얏 **긴장하다**

(1) 영화종류

หนังสงคราม 전쟁영화 낭쏭크라-ㅁ	หนังประวัติศาสตร์ 역사영화 낭쁘라왓띠싸-ㅅ
หนังรัก 애정영화 낭락	หนังผี 귀신영화 낭피
หนังสารคดี 논픽션영화 낭싸-라카디-	หนังการ์ตูน 만화영화 낭까-뚜-ㄴ

(2) 태국영화 상영시간

รอบเช้า 오전10시 러-ㅂ차오	รอบเที่ยง 정오 러-ㅂ티양
รอบบ่าย 오후2시 러-ㅂ바-이	รอบเย็น 오후4시 러-ㅂ옌

รอบค่ำ 오후7시 러-ㅂ캄	**รอบดึก** 오후10시 러-ㅂ득

(3) " **ชอบ +V** "「~하기를 좋아하다 」의 표현

ชอบดู 보기를 좋아하다 처-ㅂ두-	**ชอบกิน** 먹기를 좋아하다 처-ㅂ 낀
ชอบอ่าน 읽기를 좋아하다 처-ㅂ아-ㄴ	**ชอบฟัง** 듣기를 좋아하다 처-ㅂ황
ชอบพูด 말하기를 좋아하다 처-ㅂ푸-ㅅ	**ชอบเขียน** 쓰기를 좋아하다 처-ㅂ키얀

(4) 관계대명사 **"ที่"** 용법

관계대명사로는 **ที่** 티- , **ซึ่ง** 씅, **อัน** 안, **ผู้** 푸 가 있다.
ที่ 는 가장 일반적으로 사용되며, **ซึ่ง** 은 내용을 한정할 때 또는 강조할 때 사용된다. 그리고 접속사의 의미로도 사용된다. **อัน** 은 수식된 명사가 사람인 경우에는 사용되지 않는다.

ผู้หญิงที่ถือกระเป๋า

푸-잉 티- 트- 끄라빠오

가방을 든 여인

핵심 포인트

แม่น้ำซึ่งไหลผ่านกรุงเทพฯ คือแม่น้ำเจ้าพระยา

매-남 씅 라이 파-ㄴ 끄룽테-ㅂ 크- 매-남짜오프라야-

방콕을 통과하여 흐르는 강은 짜오프라야 강이라 한다.

รางวัลอันมีเกียรติ

라-ㅇ완 안 미끼얏

명예로운 상

연습문제

다음 우리말을 태국어로 옮기시오

(1) 아침상영영화가 아직 안 끝났어요.

(2) 우리가 볼 영화는 몇 시에 상영하나요?

(3) 시간 있을 때 나는 영화보기를 좋아합니다.

(4) 만일 좋은 영화가 있으면 친구와 함께 봐요.

(5) 당신은 어느 종류의 영화보기를 좋아하나요?

(6) 코믹영화를 보면 재미있고 스트레스도 해소가 되요.

23 BTS에서

ที่BTS 티-BTS

A: ขอโทษค่ะ

커-토-ㅅ 카

실례합니다

ดิฉันจะไปสยามพารากอน ต้องขึ้นฝั่งไหนคะ

디찬 짜 빠이 싸야-ㅁ파-라-꺼-ㄴ 떠-ㅇ 큰 황 나이 카

저 사얌파라건에 가야하는데 어느쪽에서 타나요?

B: คุณต้องไปฝั่งตรงข้ามครับ

쿤떠-ㅇ빠이 황 뜨롱카-ㅁ 크랍

반대편으로 가야 해요.

ฝั่งนี้ไปอ่อนนุช

황 니- 빠이 어-ㄴ눗

이쪽은 언눗으로 가요.

A: จากที่นี่ไปสยามพารากอน

짜-ㄱ티-니- 빠이 싸야-ㅁ파-라-꺼-ㄴ
여기서 싸얌파라건 가는데

ค่าโดยสารเท่าไรคะ

카- 도-이싸-ㄴ 타오라이 카
교통비는 얼마에요?

B: ผมจำไม่ได้ครับ

폼 짬 마이 다이 크랍
기억이 안 나요

ต้องไปดูที่เครื่องจำหน่ายตั๋วโดยสารอัตโนมัติครับ

떠-ㅇ 빠이두- 티- 크르엉짬나-이뚜워도-이싸-ㄴ 앗따노-맛 크랍
자동판매기(표)에 가서 봐야만 해요

A: สถานีนี้ ต่อรถไฟใต้ดินได้ไหมคะ

싸타-니-니- 떠-롯화이따이딘 다이마이 카
이 역에서 지하철 갈아 탈 수 있어요?

B: ได้ครับ

다이 크랍
네. 탈 수 있어요

สถานีอโศกเป็นสถานีเปลี่ยนสายรถไฟใต้ดิน

싸타-니- 아쏘-ㄱ 뻰 싸타-니-쁠리얀 싸-이롯화이따이딘
아쏙역은 지하철 환승지에요

A: บัตรรถไฟฟ้าและรถไฟใต้ดิน ใช้ด้วยกันได้ไหมคะ

밧 롯화이화- 래롯화이따이딘 차이두워이깐 다이마이 카

지상철과 지하철 표는 같이 사용할 수 있어요?

B: ไม่ได้ครับ ไม่เหมือนในเกาหลี

마이다이 크랍 마이 므언 나이 까올리-

아니요 한국이랑 달라요

ต้องซื้อบัตรโดยสารแยกกันครับ

떠-ㅇ 쓰- 밧도-이싸-ㄴ 얘-ㄱ 깐 크랍

표를 따로 사야 해요

A: ขอบคุณค่ะ

카ㅂ쿤 카

고맙습니다.

ดิฉันขอไปซื้อบัตรโดยสารก่อน

디찬 커- 빠이 쓰- 밧도-이싸-ㄴ 꺼-ㄴ

나는 표 사러 먼저 갈게요

B: ไม่เป็นไรครับ เชิญครับ

마이뻰라이 크랍 처-ㄴ 크랍

괜찮아요 그렇게 하세요

ผมต้องไปแล้ว รถมาพอดี

폼 떠-ㅇ 빠이래-우 롯마- 퍼-디-

나는 가야겠어요 차가 와서요

핵심 포인트

단어

ฝั่ง 황 **측(쪽)**

ตรงข้าม 뜨롱카-ㅁ **맞은편**

ค่าโดยสาร 카-도-이싸-ㄴ **차비**

พอดี 퍼-디- **꼭맞다, 정시에**

ต่อ 떠- **연결하다**

แยก 애-ㄱ **분리하다**

เครื่องจำหน่ายตั๋วโดยสารอัตโนมัติ (ตู้ขายตั๋ว) **(표)자동판매기**
크르엉짬나-이뚜워도-이싸-ㄴ앗따노-맛(뚜-카-이뚜워)

(1) 태국의 지상철(BTS), 지하철(MRT), 공항철도 노선도

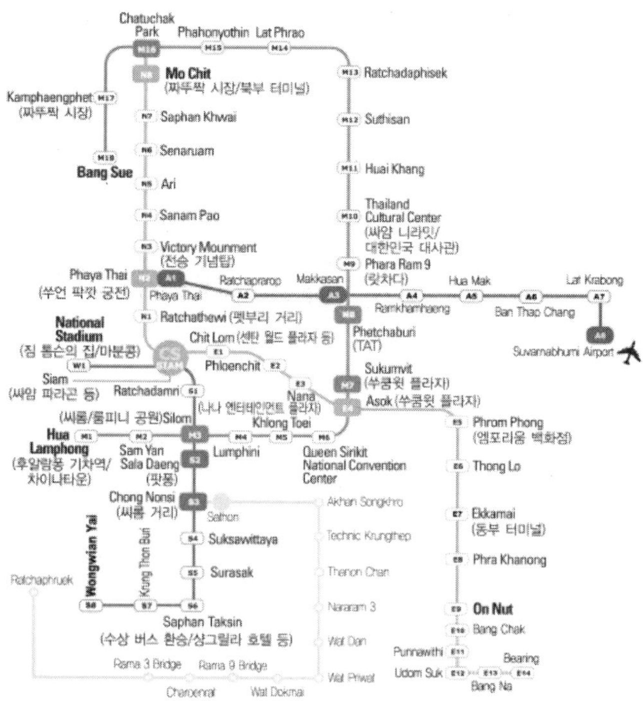

(1) "**ขอ**" 커- 용법

① 요구하다, 청구하다

ขอเงิน

커- 응-언

돈을 요구하다

ขอความช่วยเหลือ

커- 콰-ㅁ추워이르어

원조를 청하다

② 축원하다

ขอให้มีความสุขและสุขภาพดี

커- 하이미- 콰-ㅁ쑥 래 쑥카파-ㅂ 디-

행복과 건강을 기원합니다.

③ 동사 앞에 위치하여 겸양적 표현을 나타낼 때 사용

ขอขอบคุณเป็นอย่างยิ่ง

커- 커-ㅂ쿤 뻰야-ㅇ잉

대단히 감사합니다.

연습문제

다음 우리말을 태국어로 옮기시오

(1) 싸얌파라건에 가려면 어느 쪽 에서 타야하나요?

(2) 표자동판매기에 가서 봐야만 해요.

(3) 이 역은 지하철과 연결되나요?

(4) 아쏙역은 지하철과 연결되었어요.

(5) 지상철표와 지하철표는 같이 사용할수 있나요?

(6) 차표를 따로 사야만 해요.

24 공항에서

ที่สนามบิน 티-싸나-ㅁ 빈

A: **คุณมาถึงนานหรือยังคะ**

쿤 마-틍 나—ㄴ 르- 양 카

당신은 도착한지 오래 됐어요?

B: **ผมมาก่อนคุณ สักครู่เดียวครับ**

폼 마- 꺼-ㄴ 쿤 싹크루- 디여우 크랍

저 당신 오기 방금 전에 도착했어요.

A: **ไปเช็คอิน และ ตรวจหนังสือเดินทางก่อน ดีไหม**

빠이 첵인 래 뜨루웟 낭쓰-더-ㄴ타-ㅇ 꺼-ㄴ 디- 마이

먼저 체크인 하고 여권 검사 하는 것이 좋을까요?

B: **ดีครับ จะได้เลือกที่นั่งด้วย**

디- 크랍 짜 다이 르억 티-낭 두워이

좋아요. 좌석도 선택해요.

핵심 포인트

A: **เสร็จแล้ว ยังมีเวลาเหลือค่ะ**

셋 래-우　　양 미- 웨-ㄹ라- 르어 카

끝났어요.　　아직 시간이 남았어요.

ไปกินกาแฟกันนะคะ

빠이 낀 까-훼- 깐 나카

같이 커피 마셔요.

B: **ไปซิครับ จะได้คุยกันด้วย**

빠이 씨 크랍　　짜 다이 쿠이 깐 두워이

가요.　　이야기 해요.

A: **เที่ยวบินนี้แวะที่ไต้หวันก่อนไปเกาหลีค่ะ**

티여우 빈니- 왜 티-따이완 꺼-ㄴ 빠이 까올리-카

이 항공편은 한국 가기 전에 타이완을 경유해요.

คุณแวะไต้หวันไหมคะ

쿤 왜 따이완 마이 카

당신은 타이완을 경유하나요?

B: **ไม่หรอกครับ**

마이 러-ㄱ 크랍

아니요.

ผมตรงไปเกาหลีเลย

폼 뜨롱 빠이 까올리- 러-이

저는 바로 한국으로 가요.

A: ตอนนี้ อากาศในเกาหลีหนาวมากค่ะ
떠-ㄴ니- 아-까-ㅅ 나이 까올리- 나-우 마-ㄱ 카
지금 한국 날씨는 매우 추워요

คุณเอาเสื้อกันหนาวมาไหม
쿤 아오 쓰어 깐 나-우 마- 마이
당신은 겨울 옷 가져왔나요?

B: ผมเตรียมมาแล้วครับ
폼 뜨리얌 마- 래-우 크랍
나는 준비했어요.

เอามาหลายชุดเลย
아오 마- 라-이 춧 러-이
여러 벌 가져왔어요.

A: เสียงเรียกผู้โดยสารแล้ว
씨양 리약 푸-도-이싸-ㄴ 래-우
탑승 방송하네요.

ไปกันเถอะค่ะ
빠이 깐 터 카
가요.

B: ไปครับ
빠이 크랍
네. 가요.

단어

สักครู่เดียว 싹 크루-디여우 **잠시동안(잠깐)**
หนังสือเดินทาง 낭쓰-더-ㄴ타-ㅇ **여권**
เหลือ 르어- **남다, 남기다**
แวะ 왜 **도중에 잠깐들르다**
ตรงไป 뜨롱빠이 **곧장 가다**
เอามา 아오마- **가져오다**
เช็คอิน 첵인 **체크인(수속하다)**
ที่นั่ง 티-낭 **좌석**
เที่ยวบิน 티여우빈 **항공편**
ไต้หวัน 따이완 **대만**
เสื้อกันหนาว 쓰어깐나-우 **방한복**
ผู้โดยสาร 푸-도-이싸-ㄴ **승객**

(1) " เตรียม....มา" 의미와 용법

เตรียม 은 '준비하다', '마련하다' 의 의미를 가지고 있는 타동사이다.
เตรียม 이 방향을 나타내는 부동사 มา 또는 ไป 와 함께 사용되는 경우 목적어는 본동사 เตรียม 과 부동사 มา 또는 ไป 사이에 위치한다.

ผมเตรียมเสื้อกันหนาวมาแล้ว

폼 뜨리얌 쓰어깐나-우 마- 래-우
나는 방한복을 준비했다.

เมื่อเดินทางไปต่างประเทศ ต้องเตรียมหนังสือเดินทางไปด้วย

므어 더-ㄴ타-ㅇ 빠이 따-ㅇ 쁘라테-ㅅ 떠-ㅇ 뜨리얌 낭쓰- 더-ㄴ타-ㅇ 빠이 두워이
외국에 갈 때는 여권을 준비해 가야만 한다.

(2) "**ตรวจ +**목적어+ **ก่อนดีกว่า**" 먼저...을 심사하는게 좋다」의 의미

ตรวจข้อสอบก่อนดีกว่า

뚜루웟 커-써-ㅂ 꺼-ㄴ 디-꽈-

먼저 시험문제를 검토하는 것이 좋다.

ตรวจความดันโลหิตก่อนดีกว่า

뚜루웟 콰-ㅁ 단 로-힛 꺼-ㄴ 디- 꽈-

먼저 혈압을 체크하는 것이 좋다.

(3) " **เถอะ** 와 **ซิ** " 의미와 용법

어조사 **เถอะ** 와 **ซิ** 는 일반적으로 청유문이나 명령문에 사용된다.

그러나 이 두 단어를 강한 어조로 사용하게 되면 명령문이 된다.

เอามาเถอะ

아오 마- 터

가져오세요

นั่งก่อนซิ

낭 꺼-ㄴ 씨

우선 앉아

อย่าทำเช่นนั้นซิ

야- 탐 체-ㄴ난 씨

그렇게 하지마

핵심 포인트

(4) 비행기표에 관한 단어

ตั๋วที่นั่งติดหน้าต่าง 창측(표) 뚜워 티-낭 띳 나-따-ㅇ	ตั๋วที่นั่งติดทางเดิน 내측(표) 뚜워 티-낭 띳 타-ㅇ더-ㄴ
ตั๋วเที่ยวเดียว 편도 티켓 뚜워 티여우 디여우	ตั๋วกลับ 왕복 티켓 뚜워 끌랍
ตั๋วชั้นหนึ่ง 1등석 표 뚜워 찬능	ตั๋วธรรมดา 일반석 표 뚜워 탐마다-

연습문제

다음 우리말을 태국어로 옮기시오

(1) 나는 당신 오기 방금 전에 도착 했어요.

(2) 체크인 하러 가요. 그리고 여권 먼저 확인 할까요?

(3) 이 항공편은 한국 가기전에 타이완을 경유해요.

(4) 나는 바로 한국으로 가요.

(5) 지금 한국 날씨는 매우 추워요.

(6) 나는 겨울옷을 여러 벌 준비 했어요.

25 대학교에서

ที่มหาวิทยาลัย 티_마하_윗타야_라이

A: **ขอโทษนะคะ คุณเรียนที่นี่หรือเปล่าคะ**

커-토-ㅅ 나카 쿤 리얀 티-니- 르- 쁠라오 카

실례합니다. 당신은 이곳에서 공부하나요?

B: **ครับ ผมเรียนที่นี่ มีอะไรหรือครับ**

크랍 폼 리얀 티- 니- 미- 아라이 르- 크랍

네. 저는 이곳에서 공부해요. 무엇 때문에 그러세요?

A: **ขอรบกวนถามหน่อยค่ะ**

커- 롭 꾸원 타-ㅁ 너-이 카

물어볼게 있어요.

ภาควิชาภาษาไทยอยู่ตึกไหนคะ

파-ㄱ위차- 파-싸-타이 유- 뜩나이 카

태국어과는 어느 건물에 있나요?

B: อยู่ตึก 2 ชั้น 4 คณะมนุษยศาสตร์ครับ

유- 뜩 써-ㅇ 찬 씨- 카나 마눗 싸 야 싸-ㅅ 크랍
인문대학 2번 건물 4층에 있어요.

A: คณะมนุษยศาสตร์ไปทางไหนคะ

카나 마눗 싸 야 싸-ㅅ 빠이 타-ㅇ나이 카
인문대학은 어느 쪽으로 가요?

B: เดินตรงไป ผ่านห้องสมุด

더-ㄴ 뜨롱 빠이 파-ㄴ 허-ㅇ싸뭇
직진해서 도서관을 지나세요.

แล้วเลี้ยวซ้าย มีป้ายคณะอยู่หน้าตึกครับ

래-우 리여우 싸-이 미- 빠-이 카나 유- 나- 뜩 크랍
그리고 왼쪽으로 가면 단대간판이 건물 앞에 있어요.

A: แล้วโรงอาหารอยู่ที่ไหนคะ

래-우 로-ㅇ아-하-ㄴ 유- 티-나이 카
그리고 식당은 어디에 있어요?

B: ที่นี่มีโรงอาหาร 2 แห่งครับ

티-니- 미- 로-ㅇ아-하-ㄴ 써-ㅇ 해-ㅇ 크랍
이곳에는 식당이 2곳 있어요.

อยู่ชั้นล่างสุดของอาคารเรียน

유- 찬라-ㅇ 쑷 커-ㅇ 아-카-ㄴ리얀
학교건물 제일 아래층에 있어요.

และมีโรงอาหารใหญ่อยู่ข้างห้องสมุด

래- 미- 로-ㅇ아-하-ㄴ 야이 유- 카-ㅇ허-ㅇ싸뭇
그리고 큰 학교식당은 도서관 옆에 있어요.

A: **ขอบคุณมาก ๆ ค่ะ**

커-ㅂ쿤 마-ㄱ마-ㄱ 카

정말 고맙습니다.

B: **ไม่เป็นไรครับ ยินดีครับ**

마이뻰라이 크랍 　　인디- 크랍

천만에요. 　　괜찮습니다.

단어

รบกวน 롭꾸원 **폐를 끼치다**

ตึก 뜩 **건물**

คณะมนุษยศาสตร์ 카나마눗싸야싸-ㅅ **인문대학**

ผ่าน 파-ㄴ **지나다**

ห้องสมุด 허-ㅇ싸뭇 **도서관**

เลี้ยวซ้าย 리여우싸-이 **왼쪽으로 돌다**

ป้าย 빠이 **간판**

ชั้นล่าง 찬라-ㅇ **아랫층**

สุด 쑷 **맨끝에**

อาคารเรียน 아-카-ㄴ리얀 **학교건물**

핵심 포인트

(1) 대학에 관한 용어

คณะนิติศาสตร์ 법과대학 카나 니띠싸-ㅅ	คณะพยาบาลศาสตร์ 간호대학 카나 파야-바-ㄴ싸-ㅅ
คณะรัฐศาสตร์ 정치대학 카나 랏타싸-ㅅ	คณะแพทยศาสตร์ 의과대학 카나 패-ㅅ타야싸-ㅅ
คณะอักษรศาสตร์ 문과대학 카나 악썬라싸-ㅅ	คณะวิศวกรรมศาสตร์ 공과대학 카나 윗싸와깜마싸-ㅅ
คณะศิลปกรรมศาสตร์ 예술대학 카나 씬라빠깜마싸-ㅅ	คณะศึกษาศาสตร์ 사범대학 카나 쓱싸-싸-ㅅ
คณะสังคมศาสตร์ 사회대학 카나 쌍콤마싸-ㅅ	คณะนิเทศศาสตร์ 신문방송대학 카나 니테-ㅅ싸-ㅅ
คณะสถาปัตยกรรมศาสตร์ 건축대학 카나 싸타-빳땨야깜마싸-ㅅ	คณะเศรษฐศาสตร์ 경제대학 카나 쎄-ㅅ타싸-ㅅ

(2) 위원회에 관한 용어

คณะกรรมการ 위원회 카나 깜마까-ㄴ	คณะกรรมการบริหาร 집행위원회 카나 깜마까-ㄴ버-리하-ㄴ
คณะที่ปรึกษา 고문단 카나 티-쁘륵싸-	คณะทูต (외교) 사절단 카나 투-ㅅ

คณะผู้แทน 대표단 카나 푸-태-ㄴ	**คณะเทศมนตรี** 시의회 카나 테-ㅅ싸몬뜨리-
คณะราษฎร (태국의) 인민당 카나 라-싸더-ㄴ	**คณะรัฐมนตรี** 내각 카나 랏타몬뜨리-

(3) 과목에 관한 용어

วิชาเอก 전공과목 위차-에-ㄱ	**วิชาโท** 부전공과목 위차-토-
วิชาบังคับ 필수과목 위차-방캅	**วิชาเลือก** 선택과목 위차-르억

연습문제

다음 우리말을 태국어로 옮기시오.

(1) 당신은 여기서 공부하나요?

(2) 물어볼게 있어요.

(3) 태국어과 건물은 어디에 있나요?

(4) 인문대학은 어느 쪽으로 가요?

(5) 학교식당은 건물 제일 아래층에 있어요.

(6) 큰 학교식당은 도서관 옆에 있어요.

해답편

제 1 과

(1) สวัสดีค่ะ/ครับ

(2) เธอสบายดีค่ะ/ครับ

(3) ขอบคุณค่ะ/ครับ

(4) แล้วคุณล่ะคะ/ครับ

(5) ดิฉัน(ผม) ก็สบายดีค่ะ/ครับ

제 2 과

(1) คุณพ่อของคุณชื่ออะไรคะ/ครับ

(2) ผมชื่อ คิม ชอล ซู ครับ

(3) เขามาจากไหนคะ

(4) ผมมาจากประเทศไทยครับ

(5) คุณเป็นครูใช่ไหมคะ

(6) ดิฉันเป็นนักศึกษาเกาหลีค่ะ

(7) ยินดีที่ได้พบคุณค่ะ

(8) ผมก็เช่นเดียวกันครับ

제 3 과

(1) คุณมีพี่น้องกี่คนคะ

(2) คุณเป็นคนที่เท่าไรคะ

(3) ผมเป็นคนที่สองครับ

(4) พี่สาวของคุณแต่งงานหรือยังครับ

(5) แต่งงานแล้ว มีลูกสามคน ชายสองคน หญิงหนึ่งคน

(6) พี่ชายของผมยังไม่แต่งงานครับ

제 4 과

(1) นี่อะไรคะ

(2) นั่นกระเป๋าของใครคะ

(3) โน่นปากกาของคุณพ่อใช่ไหมครับ

(4) โน่นไม่ใช่ปากกาของคุณพ่อ

(5) นั่นหน้าต่างหรือประตู

(6) โน่นอาจารย์ของดิฉันค่ะ

제 5 과

(1) วันนี้อากาศเป็นอย่างไรคะ

(2) อากาศร้อนมากครับ

(3) ประเทศเกาหลีมีกี่ฤดูคะ

(4) มีฤดูใบไม้ผลิ ฤดูร้อน ฤดูใบไม้ร่วง และฤดูหนาวครับ

(5) ฤดูใบไม้ร่วงเริ่มเมื่อไรคะ

(6) ฤดูหนาวในประเทศเกาหลีมีหิมะมากไหมครับ

제 6 과

(1) คุณไปไหนคะ

(2) ผมไปเรียนหนังสือที่ห้องสมุดครับ

(3) ดิฉันทำงานที่โรงเรียนค่ะ

(4) โรงเรียนอะไรครับ

(5) คุณพ่อของคุณทำงานโรงพยาบาลหรือคะ

(6) คุณแม่ของคุณทำงานอะไรครับ

(7) เธอเป็นแม่บ้านครับ

(8) ที่ทำงานของพ่อค้าอยู่ที่อูอำโดงค่ะ

제 7 과

(1) เราจะทานข้าวที่ไหนดีครับ

(2) ผมไปที่ร้านอาหารญี่ปุ่น

(3) มีอาหารอะไรบ้างคะ

(4) มีเนื้อวัว ปลาทอด ไข่ต้ม และขนมปังครับ

(5) คุณจะดื่มอะไรคะ

(6) ขอน้ำส้มหน่อยครับ

제 8 과

(1) ตอนนี้ กี่โมงคะ

(2) สิบเอ็ดโมงกว่าแล้วครับ

(3) นาฬิกาดิฉันอีกเจ็ดนาทีจะเที่ยงวันค่ะ

(4) นาฬิกาคุณเร็วไปสิบห้านาทีครับ

(5) จะไปเบิกเงินที่ธนาคารก่อน
แล้วจะไปโรงเรียน

(6) จะกลับเมื่อไรครับ

(7) สองทุ่มค่ะ

(8) ผมกินบะหมี่สำเร็จรูป(มาม่า)ห้าทุ่มครึ่งครับ

제 9 과

(1) มาหาใครคะ

(2) ประธานบริษัทไม่อยู่ค่ะ

(3) จะกลับเมื่อไร ทราบไหมครับ

(4) เขาบอกว่าจะกลับ ราวๆ บ่าย 2 โมง

(5) ขอโทษที่ผมจะใช้โทรศัพท์ทางไกลหน่อยได้ไหมครับ

(6) โทรศัพท์อยู่บนโต๊ะ

제 10 과

(1) ผมมาเพื่อบอกลาคุณ

(2) คุณจะไปเมื่อไรคะ

(3) มะรืนนี้ ตอนบ่ายครับ

(4) คุณจะต้องไปถึงสนามบินก่อนเครื่องบินออกหนึ่งชั่วโมงครึ่งอย่างน้อยที่สุด

(5) ผมคงคิดถึงคุณมาก

(6) ดิฉันไม่อยากอ่านหนังสือนั้น

(7) ขอให้มีความสุขจนกว่าจะพบกันอีกนะครับ

(8) ขอให้เดินทางโดยปลอดภัย

제 11 과

(1) คุณพูดภาษาจีนได้ไหมคะ

(2) ผมพูดภาษาฝรั่งเศสได้นิดหน่อยครับ

(3) คุณพ่อพูดภาษาญี่ปุ่นคล่องค่ะ

(4) สามีอ่านเขียนและฟังภาษาไทยได้ค่ะ

(5) คุณเรียนภาษาเยอรมันกับครูใช่ไหมครับ

(6) ขอโทษครับ ไม่เข้าใจครับ

(7) เพราะว่าผมเรียนภาษาอังกฤษด้วยตนเอง ผมจึงพูดได้แต่คำง่ายๆ ครับ

제 12 과

(1) วันอังคารนี้จะไปไหนหรือคะ

(2) ผมเคยไปกรุงเทพฯ

(3) หมู่นี้เป็นอย่างไรบ้างคะ

(4) เมืองปูซานเป็นเมืองใหญ่ที่สุดในภาคใต้และมีทะเลด้วยครับ

(5) จะไปที่ไหนดีคะ

(6) ไปรถไฟปลอดภัยและถูกกว่าไปรถทัวร์

(7) ผมคิดว่า มีเงินพอไปดูหนัง

제 13 과

(1) นี่ของขวัญให้คุณค่ะ

(2) คุณใจดีมากครับ

(3) ขอช่วยปิดหน้าต่างหน่อยครับ

(4) คุณชอบผลไม้อะไรคะ

(5) คุณแม่ของคุณซื้อกระเป๋าใบสีน้ำเงิน เมื่อไรครับ

(6) ซื้อเดือนที่แล้ว

제 14 과

(1) เชิญข้างในซิคะ

(2) ต้องการซื้ออะไร

(3) ต้องการซื้อของเล่นฝากลูกชาย

(4) ผมไม่ค่อยมีความรู้เกี่ยวกับสินค้าพื้นเมืองไทย

(5) ทำไมแพงอย่างนี้ครับ

(6) ผมอยากซื้อกุญแจตัวสีน้ำตาล 7 ตัว

제 15 과

(1) ขอแลกเงินไทยเป็นเงินเกาหลีค่ะ

(2) คุณจะแลกเท่าไรครับ

(3) ขอแบงค์หมื่นวอนและแบงค์พันวอน

(4) กรุณารอสักครู่ครับ

(5) นี่ครับ ค่าธรรมเนียมห้าพันวอนครับ

제 16 과

(1) คุณไม่สบายตรงไหนครับ

(2) คุณเป็นกี่วันแล้ว

(3) ผมปวดหัว และท้องเสียตั้งแต่เมื่อคืนนี้

(4) ผมตากฝน เมื่อ 2 วันก่อน

(5) คุณต้องทานยาและฉีดยาแล้ว
พักผ่อนสามวัน

第 17 課

(1) ขอโทษค่ะ ที่นี่ไปรษณีย์ใช่ไหม

(2) ดิฉันต้องการส่งจดหมายไปเมืองกรุงเทพฯ
เป็นแบบไปรษณีย์ด่วนพิเศษ
ต้องติดแสตมป์เท่าไรคะ

(3) แล้วแต่น้ำหนักครับ

第 18 課

(1) ขอโทษค่ะ รถเมล์สายนี้ไปไหนคะ

(2) คุณช่วยบอกทางดิฉันหน่อยได้ไหม

(3) คุณจะไปบางรักโดยแท็กซี่หรือครับ

(4) ไปขึ้นรถเมล์สาย 51 ที่ไหนคะ

(5) ขึ้นที่โน่นครับ

(6) ถ้าดิฉันจะไป BTS แพงไหมคะ

(7) งั้นผมไปรถเมล์ดีกว่า BTS

제 19 과

(1) แถวนี้ มีร้านเสริมสวยดี ๆ ไหมครับ

(2) มีค่ะ อยู่ที่หลังโรงเรียน

(3) ในร้านนี้ค่าย้อมสีผมเท่าไรคะ

(4) สองร้อยห้าสิบบาทรวมทั้งค่าสระผมด้วย

(5) ถูกมากทีเดียวครับ

(6) งั้นดิฉันจะไปร้านเสริมสวยนั้น พรุ่งนี้

제 20 과

(1) สงกรานต์คืออะไรคะ

(2) วันขึ้นปีใหม่ของไทยครับ

(3) งานสงกรานต์มีอะไรน่าดูหรือคะ

(4) มีหลายอย่างครับ เช่น ประกวดนางงาม
สงกรานต์ ปล่อยนก ปล่อยปลา
รดน้ำดำหัวผู้ใหญ่ และทำบุญ

(5) นอกจากนั้นยังมีอีกอะไรคะ

(6) ทานขันโตกและดูระบำชาวเขาด้วย

(7) พรุงนี้ ดิฉันจะไปดูงานสงกรานต์ที่เชียงใหม่

(8) งั้น พรุ่งนี้ 3 โมงเช้า พบที่ท่าอากาศยาน
ดอนเมือง

제 21 과

(1) ขอโทษค่ะ เวลาว่างคุณมักจะทำอะไร

(2) ผมไปออกกำลังกาย หลังเลิกงานทุกวัน

(3) ถ้ามีเวลานิดหน่อย ดิฉันชอบฟังเพลง

(4) ที่ทำประจำคือ เล่นปิงปองกับเพื่อน ๆ

(5) วันเสาร์นี้ คุณทำอะไรหรือเปล่า

(6) ไม่ได้ทำอะไรครับ

(7) ดิฉันจะมารับคุณที่บ้าน 10โมงเช้า

(8) ไม่เป็นไรครับ ผมไปเองได้

제 22 과

(1) หนังรอบเช้ายังไม่เลิก

(2) รอบที่เราจะดู ฉายกี่โมงคะ

(3) เวลาว่างผมชอบดูหนัง

(4) ถ้ามีหนังดี ก็จะชวนเพื่อนมาดู

(5) คุณชอบดูหนังประเภทไหนครับ

(6) ดูหนังตลกสนุก ๆ แล้ว คลายเครียดดี

제 23 과

(1) ดิฉันจะไปสยามพารากอน ต้องขึ้นฝั่งไหนคะ

(2) ต้องไปดูที่ตู้ขายตั๋ว

(3) สถานีนี้ ต่อรถไฟใต้ดินได้ไหมคะ

(4) สถานีอโศกเป็นจุดเชื่อมรถไฟใต้ดิน

(5) บัตรรถไฟฟ้าและรถไฟใต้ดินใช้ด้วยกันได้ไหมคะ

(6) ต้องซื้อบัตรโดยสารแยกกันครับ

제 24 과

(1) ผมมาก่อนคุณ สักครู่เดียวครับ

(2) ไปเช็คอิน และตรวจหนังสือเดินทางก่อนดีไหม

(3) เที่ยวบินนี้แวะที่ไต้หวันก่อนไปเกาหลี

(4) ผมตรงไปเกาหลีเลย

(5) ตอนนี้ อากาศในเกาหลีหนาวมากค่ะ

(6) ผมเตรียมเอามาเสื้อกันหนาวหลายชุดแล้ว

제 25 과

(1) คุณเรียนที่นี่หรือเปล่าคะ

(2) ขอรบกวนถามหน่อยค่ะ

(3) ภาควิชาภาษาไทย อยู่ตึกไหนคะ

(4) คณะมนุษยศาสตร์ไปทางไหนครับ

(5) โรงอาหารอยู่ชั้นล่างสุดของอาคารเรียน

(6) มีโรงอาหารใหญ่อยู่ข้างห้องสมุด

부 록

태국어 쓰는 순서

태국어 자·모음, 숫자, 성조부호 및 기타부호 쓰는 순서

■ 자음

ก ข ฃ ค ฅ

ฆ ง จ ฉ ช

ซ ฌ ญ ฎ ฏ

ฐ ฑ ฒ ณ ด

ต ถ ท ธ น

บ ป ผ ฝ พ

ฟ ภ ม ย ร

ล ว ศ ษ ส

ห ฬ อ ฮ

■ 모음

-า -ิ -ึ -ื

-ุ -ู เ- โ-

ไ- ใ- -ำ

■ 숫자

■ 성조부호

■ 기타부호

참고문헌

정환승. 2010. 『New Start 태국어 첫걸음』 서울 : 삼지사.

차상호. 1994. 『가장 알기 쉬운 태국어 회화』 서울 : 삼지사

최창성. 1980. 『타이어문법총론-개정판-』 서울 : 삼경사.

한국태국학회 편. 2012. 『태국의 이해』 서울 : 한국외국어대학교 출판부.

황규희 외 2인. 2014. 『기초 태국어』 부산 : 부산외국대학교 출판부.

DLC Language Products. 1994. *Learning Basic Thai Designed for home study*. Bangkok: AFD Co., Ltd.

Moore, John and Rodchue, Saowalak. 1994. *Colloquial Thai*. Bangkok: Asia Books Co. Ltd.

Poomsan Becker, Benjawan. 2000. *Thai for Intermediate Learners*. Bangkok: Paiboon Publishing.

Thai Culture . Vol. I No. II Dec. 1999-Jan. 2000.